Werner Kieser

Kieser Training für Frauen

Werner Kieser

Kieser Training für Frauen

- Schluss mit Rückenschmerzen
- Gezielte Übungen für eine gesunde Muskulatur
- Mehr Kraft für den Alltag

www.knaur.de

Inhaltsverzeichnis

Vorwort des Autors 6

Geleitwort von Dr. Elisabeth Preisinger 7

Frauen und Krafttraining 8
Sind Frauen anders? 9
Was formt die Silhouette? 11
Wachsen am Widerstand 12
Wie stark lässt sich das Aussehen verändern? 14
Schlank werden, schlank bleiben 15
»Schönheitsmakel« Cellulite 18

Theoretische Grundlagen 20
Die Qualität der Bewegung ist der Widerstand 21
Der Stoff, aus dem wir gemacht sind 22
Wie funktioniert der Bewegungsapparat? 25
Was heißt eigentlich »Kraft«? 29
Die Kraftkurve 32
Selbstwahrnehmung 34

Krafttraining als Therapie 36
Schluss mit Rückenschmerzen 37
Warum die Rückenschule nicht weiterhilft 38
Entspannung ist nur eine halbe Sache 39
Dysbalancen – ein lösbares Problem 41
Volkskrankheit Osteoporose 43
Beckenbodentraining 45
Alt und schwach – muss das sein? 46

Trainingspraxis 48
Krafttraining: wie viel und wie oft? 49
Training nach Zeit 52
Die richtige Motivation 52

Inhalt

Kognitive Erfahrung des Körpers 54

Trainingsplanung 55

Die Kraft erhalten 56

Weniger ist mehr 56

14 Prinzipien für das Training 58

Die Übungen 60

Alle Übungen im Überblick 61

Die Übungen – Muskeln 62

Übungsbeschreibungen 72

Programme und Methoden 154

Programmvarianten 155

Normalprogramme 155

Spezialprogramme 157

Alternativmethoden: »Negativ« und »Halbnegativ« 157

Die Kraft steigern – bis wann? 159

Wozu sind Maschinen nötig? 161

Ausdauertraining 165

Kraft und Koordination 166

Begleitende Maßnahmen rund ums Training 168

Sachgemäße Ernährung 169

Funktionelle Trainingsbekleidung 170

Trainingsrituale 172

Anhang 176

Irrtümer 176

Welchen Nutzen bietet Kieser Training? 178

Adressen 180

Literatur 181

Register 182

Impressum 184

Vorwort

Ein Trainingsbuch für Frauen? Frauen werden doch geradezu überschwemmt mit Literatur, die den Körper und das Aussehen generell betrifft. Eben. Das war ein Hauptgrund für mich, dieses Buch zu schreiben. Denn die meisten »Ratgeber« beschäftigen sich hauptsächlich und buchstäblich mit der Peripherie, nicht nur des Aussehens, sondern auch der Frau. Schönheit beginnt jedoch unter der Haut, bei den Muskeln. »Design Follows Function«, das gilt nicht nur für die Architektur, sondern auch für den menschlichen Körper. Kosmetik und Kleidung können die Erscheinung ergänzen und betonen, jedoch nicht gestalten. Gestalt ergibt sich aus der Funktion, deren Ausübung uns – bedingt durch die zivilisatorischen Erleichterungen – allmählich abhanden kommt. Dass unser Körper dafür angelegt ist, gegen die Schwerkraft zu bestehen, ja an ihr zu wachsen, liegt der Idee von Kieser Training zugrunde.

Mit diesem Buch sollen frauenspezifische Fragen im Zusammenhang mit Kieser Training angesprochen werden. Es handelt sich dabei nicht um viele, jedoch um wichtige Fragen. Vielleicht werden Sie sich beim Lesen da und dort darüber wundern, wie kurz einzelne Probleme – z.B. das Training der Beckenbodenmuskulatur – hier abgehandelt werden. Doch ergibt sich Kürze von selbst, wenn das Problem in einem Gesamtkontext, dem Problem der Kräftigung insgesamt, betrachtet wird.

Das Buch ersetzt keinesfalls eine gründliche praktische Einführung vor Ort, es soll diese aber ergänzen und Ihre Motivation verstärken, zum Wohle Ihrer Gesundheit und zu Gunsten Ihres Aussehens.

Zürich, im Juni 2003   *Werner Kieser*

Geleitwort

Zur Erhaltung der eigenen Gesundheit gehört ohne Zweifel die regelmäßige Bewegung. Dies gilt für Männer und Frauen im gleichen Maße. Bewegungsmangel oder vielmehr der Mangel an Widerstand macht hingegen krank. Bereits nach wenigen Tagen Bettruhe kommt es neben einer vermehrten Flüssigkeits- und Elektrolytausscheidung zu hormonellen Veränderungen. Die Anpassung des Kreislaufs an die aufrechte Position wird zunehmend schlechter. Die Muskeln verlieren an Kraft und Koordinationsfähigkeit. Die Gelenke werden steifer, und ein Knochenschwund setzt ein. Leistungssport hingegen ist das andere Extrem. Wenn man von Sportverletzungen und pathologischen Überbelastungen absieht, sind Menschen, die regelmäßig trainieren, auch im täglichen Leben körperlich leistungsfähiger. Sie bewegen sich leichter, sind gesünder, wirken meist jünger und leben länger.

Dieses Buch von Werner Kieser beschreibt praxisnah, wie vorteilhaft ein Krafttraining für Frauen sein kann, insbesondere dann, wenn dadurch zudem das Körperbewusstsein geschult und das Bewegungsausmaß der Gelenke berücksichtigt wird. Neben dem ästhetischen Effekt des Trainings auf die Figur, denn Fett schwindet zu Gunsten der Muskulatur, hat Krafttraining bei der Frau einen gesundheitsfördernden Effekt. Chronische und wiederholt auftretende Rückenschmerzen und viele andere chronische Beschwerden des Stütz- und Bewegungsapparates können bei Frauen und Männern durch Training vermindert werden. Diabetiker und Herzkranke können von einem individuell angepassten Krafttraining profitieren. Erwiesen ist, dass ein trainierter Beckenboden das häufige Frauenproblem der Harninkontinenz reduziert, dass ein Maximalkrafttraining die Knochendichte stärkt und zu wenig Kraft in der Beinmuskulatur ein wesentlicher Risikofaktor für den Sturz beim älteren Menschen ist.

Prinzipiell ist ein Kraft- oder Widerstandstraining, bei dem physiologische und biomechanische Grundlagen beachtet werden, der Gesundheit der Frau förderlich. Bestehen Zweifel bezüglich der eigenen Gesundheit, so sollte vorher die Ärztin/der Arzt aufgesucht werden. Für ein medizinisch indiziertes Krafttraining ist eine ärztliche Verordnung notwendig.

Wien, im Juni 2003   *Univ. Doz. Dr. Elisabeth Preisinger*

Frauen und Krafttraining

Frauen profitieren vom Krafttraining gleich mehrfach: Es strafft die Figur, fördert die Fettverbrennung, verzögert den Alterungsprozess und schützt vor Osteoporose.

Sind Frauen anders?

Wenn wir eine Frau und einen Mann gleicher Körpergröße unbekleidet von hinten betrachten (mit ähnlicher Frisur), lässt sich die Geschlechtszugehörigkeit oft nicht so leicht erkennen. Viele der auffallendsten Unterschiede zwischen Mann und Frau werden erst durch Kleidung, Frisur, Make-up und anerzogene Gestik kultiviert.

Von Interesse sind hier die genetischen Unterschiede. Aus wissenschaftlicher Sicht stehen vier Aspekte im Vordergrund: antropometrische Daten wie die Körpergröße und die Proportionen, die Zusammensetzung der Körpermasse, das Herz-Kreislauf-System und die Menstruation. Die einzelnen Aspekte können individuell sehr unterschiedlich ausgeprägt sein; alle hier getroffenen Aussagen basieren auf Durchschnittswerten.

Genetische Unterschiede

Zu den offensichtlichsten Unterschieden zählen die Körpergröße und die Proportionen: Frauen sind kleiner als Männer; sie verfügen – nicht zuletzt wegen ihrer geringeren Körperlänge – im Vergleich zu Männern nur über etwa die Hälfte der Muskelmasse. Das erklärt auch die Tatsache, dass Männer in jenen Sportarten erfolgreicher sind, die körperliche Stärke und die gebündelte Freisetzung dieser Kräfte erfordern. Selbst bei gleicher Muskelmasse bringen Frauen nur rund 80 Prozent der Kraft ihrer männlichen Zeitgenossen auf. Forscher führen dies auf die Unterschiede im Hormonhaushalt zurück, insbesondere auf den höheren Testosteronanteil bei Männern. Der weibliche Körper zeichnet sich im Gegensatz zum männlichen durch eine geringere Knochen- und Muskelmasse, jedoch einen höheren Fettanteil aus.

Ein weiterer Unterschied: Das weibliche Becken ist ca. 1,3 cm breiter als das männliche. Dies ermöglicht eine größere Reichweite des Hüftgelenkes, was – so vermuten Forscher – in gewissen Sportdisziplinen wie Laufen und Springen von Nachteil sein kann. Für das Kieser Training sind diese Unterschiede jedoch bedeutungslos.

Männer besitzen eine größere Lunge und ein größeres Herz, also ein leistungsfähigeres Herz-Kreislauf-System. Im Leistungs- bzw. Hochleistungssport ist dies zweifellos von Bedeutung. Für das gesundheitsorientierte Krafttraining der Frau ist dies ebenfalls irrelevant.

> **Regelmäßiges Krafttraining kommt Frauen und Männern gleichermaßen zugute – auch wenn sich der weibliche Körper in einigen Punkten gravierend vom männlichen unterscheidet.**

Frauen und Krafttraining

Ein oft diskutierter Faktor ist die Menstruation. Trainer der »alten Schule« rieten oft vom Training während der Menstruation ab. Heute dominiert die Meinung, dass Training und sportliche Wettkämpfe keinen signifikanten Einfluss auf die Menstruation haben. Es ist zu vermuten, dass hier psychologische Faktoren wichtiger sind als physiologische. Gerade weil Frauen im Durchschnitt muskulär »benachteiligt« sind, der Faktor »Kraft« also einen Engpass darstellt, können sie aus dem Krafttraining einen signifikant höheren Nutzen ziehen.

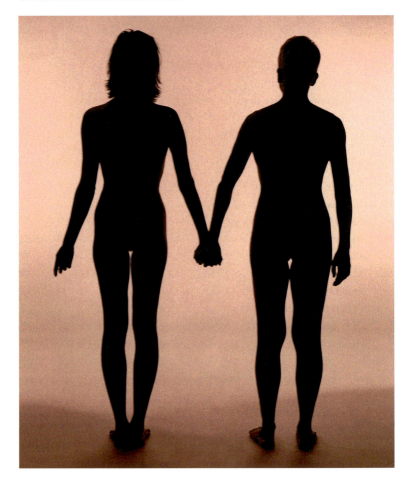

Die äußere Form des Körpers wird maßgeblich vom Muskel- und Fettanteil bestimmt.

Was formt die Silhouette?

Es gibt Kunstexperten, die behaupten, Kunst definiere sich vor allem durch bedeutende (»significant«) Form. Und in der Tat, was nützt das schönste Detail, wenn der Gesamteindruck nicht stimmt?

Ein Blick in den Spiegel zeigt Ihnen die Topographie Ihres Körpers. An ihr können Sie mit etwas Übung schon den Zusammenhang zwischen dem Aufbau des Körpers und dem Erscheinungsbild erkennen. Es sind neben der Kleidung im Wesentlichen zwei Faktoren, die unsere äußere Form maßgeblich bestimmen und auf die wir Einfluss nehmen können: Muskeln und Fett.

Muskeln und Körperform

Schon allein die Gesäßmuskeln prägen das Gesamtbild. Sind diese relativ großen Muskeln trainiert, erscheinen sie straff, rund und angehoben. Der ganze Mensch wirkt wie eine leicht gespannte Feder. Sind diese Muskeln hingegen schlaff, erscheinen sie »fett«, der ganze Mensch macht einen müden und unlebendigen Eindruck. Die Form weist auf die Funktion: Wer starke Gesäßmuskeln hat, bewegt sich kraftvoll und federnd.

Die Form der Beine wird durch die Muskeln der Ober- und Unterschenkel geprägt. Diese Muskeln formen die Beine – abgesehen von den nicht veränderbaren Proportionen, die sich durch die Längenverhältnisse der Knochen ergeben. Und auch bei den Beinen ist auf einen Blick erkennbar, ob Muskeln oder Fett die Silhouette formen.

Ein starker Rücken hat eine leichte V-Form, d.h. er wird von der Taille nach oben breiter, da der flächenmäßig größte Muskel, der Latissimus dorsi, den oberen Rücken abdeckt.

Die weibliche Brust ist eine mit mehr oder weniger Fett umgebene Drüse. Gestützt und »getragen« wird sie von den Brustmuskeln. Das Training hat keinen Einfluss auf die Größe der Brust, wohl aber auf deren Aufhängung und damit auf die Form. Trainierte Brustmuskeln heben die Brust deutlich sichtbar an.

Oft vernachlässigen Frauen beim Training Schultern und Arme, da sie befürchten, die Entwicklung dieser Muskeln könne ein »männliches« Aussehen erzeugen. Das ist jedoch ein Trugschluss: Tatsächlich sind trainierte Frauenarme einfach schöner geformt als untrainierte.

> **Eine gute Figur hängt nicht nur von den Proportionen und dem Gewicht ab. Entscheidend für die Optik sind vielmehr die Muskeln: Sind sie trainiert, wirkt der ganze Körper straff und kraftvoll.**

Frauen und Krafttraining

Nur sehr wenige Frauen haben das Potenzial, extrem muskulöse Arme zu entwickeln. Bei Frauen besteht die Möglichkeit eines sichtbaren Muskelwachstums weniger in der Arm- und Schulterregion als vielmehr im Bereich des Unterkörpers, also in der Bein- und Gesäßmuskulatur. Sollten die Armmuskeln während des Trainings dennoch unerwünscht anwachsen, empfiehlt es sich, das Trainingsgewicht ab einer gewissen Höhe nicht weiter zu steigern.

Die Muskeln in der mittleren Körperregion – die unteren Rückenmuskeln, die vorderen und die seitlichen Bauchmuskeln – formen die Taille und wirken als natürliches Korsett. In dieser Region wird vermehrt Körperfett gespeichert. Diese Tatsache führt zu dem weit verbreiteten Irrglauben, dass mit »gezielten« Übungen für diese Körperregion Fett »wegtrainiert« werden kann. Das Fettgewebe steht jedoch in keinem Zusammenhang mit den darunter liegenden Muskeln und kann deshalb nicht direkt angegangen werden.

Die Halsmuskulatur ist, bildhaft gesprochen, die Vase Ihres Kopfes. Ihr Zustand entscheidet nicht nur darüber, ob Sie Nackenbeschwerden haben oder nicht; sie beeinflusst auch entscheidend die Haltung des Kopfes und den Ausdruck Ihres Gesichtes, dessen Muskeln mit den Halsmuskeln zusammenhängen.

Ist der ganze Körper trainiert, »stimmt« das Ganze; es »sitzt« (wieder) alles am richtigen Ort. Muskulär bedingte Fehlhaltungen wie z.B. hängende Schultern verschwinden. Und eine aufrechte Körperhaltung verleiht Ihnen mehr Präsenz.

Vielleicht noch wichtiger als die Wirkung des Trainings auf das Aussehen ist der gesundheitliche Aspekt: Der Zustand Ihrer Muskeln entscheidet weitgehend darüber, ob Sie früher oder später Probleme mit Ihrem Bewegungsapparat haben werden oder nicht.

> Auch viele Haltungsprobleme wie z.B. hängende Schultern, Hohlkreuz oder Rundrücken verschlimmern sich, wenn das entsprechende Muskelkorsett fehlt. Mit dem gesundheitsorientierten Krafttraining lässt sich hier wirkungsvoll gegensteuern.

Wachsen am Widerstand

Mit der Geburt verlassen wir den glückseligen Zustand der Schwerelosigkeit, nach dem wir uns später heimlich zurücksehnen. Schwebezustände erleben wir oft als lustvoll. Wir liegen gerne in der Badewanne, weil uns das Wasser »trägt« und wir uns somit leichter fühlen.

Wachsen am Widerstand

Wir setzen uns mit Genuss in die Achterbahn. Kinder quietschen vor Vergnügen, wenn wir sie hochwerfen und wieder auffangen. Und viele leben bei hohen Geschwindigkeiten im Sportwagen auf, weil die Empfindung der Erdanziehung schwindet. Je schwächer wir sind, desto mehr zieht uns die Schwerkraft hinab und desto schwerer tragen wir an uns. In Gesprächen mit alten Menschen über das Altern kommt immer wieder zum Ausdruck, dass sie die »Leichtigkeit der Jugend« vermissen. Und das ist durchaus physikalisch zu verstehen, denn sie tragen schwerer an sich, weil sie schwächer geworden sind.

Die Bedeutung der Schwerkraft

Dass wir die Schwerkraft täglich überwinden, erhält unsere Kräfte. Wie wichtig die Schwerkraft ist, geriet erst durch die bemannte Raumfahrt in den Fokus der medizinischen Forschung.

Astronauten, die zu lange »oben« im schwerelosen Raum bleiben, tragen bleibende Schäden davon. Die Muskeln bilden sich zurück, und die Knochen lösen sich auf. Noch so viel Bewegung und auch die Versorgung mit Aufbaustoffen können dem Zerfall keinen Einhalt gebieten. Dem Körper fehlt die Muskelspannung, die mit der Überwindung der Schwerkraft auf der Erde einhergeht.

Würde man einer Schmetterlingsraupe helfen, sich aus dem Kokon herauszuarbeiten, würde man sie unweigerlich zum Tode verurteilen; sie benötigt diese Anstrengung als Reiz zur Kraftentwicklung. Nur so wird sie zum Schmetterling.

Gleiches gilt für Pinguine, deren Brutstätten sich in einer gewissen Distanz zur Küste befinden müssen, damit die notwendige Muskeltätigkeit und damit der Aufbaureiz für die jungen Pinguine gewährleistet ist.

> **Ohne die Schwerkraft würden wir rasch gesundheitliche Probleme bekommen. Dennoch fühlen wir uns besonders wohl, wenn wir ihr ein Stück weit entrinnen können – etwa im Wasser oder bei einer Fahrt mit der Achterbahn.**

Training für den Muskelaufbau

Um es leichter zu haben, müssen wir es uns für kurze Zeit schwerer machen; wir müssen trainieren. Wenn Sie Ihre Kraft verdoppeln, halbieren Sie quasi die Schwerkraft. Mit anderen Worten: Sie tragen an sich nur noch halb so schwer. Denn es sind allein die Muskeln, die Ihren Körper Tag für Tag herumtragen.

Frauen und Krafttraining

Kieser Training bedeutet nicht mehr und nicht weniger, als dass Sie für eine ganz kurze Zeit Ihre Muskeln und Knochen höheren Widerständen aussetzen, als diese üblicherweise gewöhnt sind. In der Folge reagiert der Körper mit dem Aufbau von Muskel- und Knochenmasse. Vielleicht sagen Sie, dass dies nur ein vorübergehender Zustand ist. Dass Sie, wenn Sie das Training unterbrechen, wieder so schwach werden wie zuvor.

Dem ist in der Tat so. Der zeitliche und energetische Aufwand, mit dem Sie sich in diesen »gehobenen« Zustand hieven, ist jedoch verhältnismäßig gering. Zweimal pro Woche eine knappe halbe Stunde Training ist mehr als ausreichend. Theoretisch reicht sogar einmal pro Woche. Doch die Erfahrung zeigt: Die Absicht, zweimal zu trainieren, führt zumindest dazu, dass die meisten durchschnittlich einmal pro Woche tatsächlich zum Training kommen. Da ja oft etwas »dazwischenkommt«, ist es sinnvoll, zwei Trainingseinheiten pro Woche einzuplanen.

Wie stark lässt sich das Aussehen verändern?

Leider können wir viele maßgebliche Faktoren unseres Aussehens nicht oder nur geringfügig verändern. Vorgegeben sind beispielsweise die Körpergröße, unsere Proportionen (z.B. das Verhältnis der Beinlänge zur Länge des Oberkörpers), die Anzahl der Fasern in den Muskeln, die Art der Muskelfasern, die Sehnenansätze, das Verhältnis der Muskelbauchlänge zur Sehnenlänge (limitierender Faktor für die Querschnittzunahme des Muskels), Ort und Art der Fettspeicherung (bestimmend u.a. für die Oberweite und die Form von Gesäß und Armen) und auch die Pigmentanzahl auf unserer Haut, die den möglichen Bräunungsrad bestimmt. All diese Faktoren sind genetisch festgelegt.

> **Die Proportionen und die Art der Fettverteilung sind genetisch vorgegeben und lassen sich nicht verändern. Mit Krafttraining können wir das, was die Natur uns mitgegeben hat, jedoch optimieren.**

Die Werbung mag zwar den Eindruck erwecken, dass wir uns beliebig verändern können, wenn wir nur wollen und die entsprechenden Produkte kaufen. Schlank, schön und reich möchten wir schließlich alle sein. Dementsprechend vielfältig sind die Angebote, die die Erfüllung dieser Wünsche versprechen.

Natürlich ist eine optimistische Grundhaltung begrüßenswert, jedoch sollte sie innerhalb eines realistischen Rahmens bleiben. Die Enttäuschungen sind sonst umso schmerzlicher.

Schlank werden, schlank bleiben

Tatsächlich verändern können Sie:
- Ihre Silhouette, also die Form Ihres Körpers
- Ihre Haltung
- Ihren Gang

sowie die Konditionsfaktoren
- Kraft
- Ausdauer
- Beweglichkeit

Kieser Training beeinflusst diese drei Konditionsfaktoren (Kraft, Ausdauer und Beweglichkeit) gleichzeitig: Die trainierten Muskeln verändern die Form des Körpers. Die korrigierten Zugverhältnisse unter den Muskeln (Dysbalancen) wirken sich auf Ihre Haltung aus. Das höhere Kraftniveau verändert Ihren ganzen Bewegungsmodus. Sie gehen und bewegen sich anders, weil Ihnen mehr Kraft zur Verfügung steht und weil diese Kraft ausgewogen ist.

Schlank werden, schlank bleiben

Wer abnehmen will, kann heute aus einer riesigen Palette von Schlankheitsmitteln und -programmen wählen. All diese Angebote gehen jedoch davon aus, dass Sie dabei etwas tun müssen, z.B. bestimmte Präparate einnehmen, Diäten einhalten oder den Körper zum Schwitzen bringen. Dabei ist die Lösung viel simpler: Sie besteht grundsätzlich nicht darin, etwas zu tun, sondern etwas zu unterlassen, nämlich das übermäßige Essen. Wenn wir mehr Kalorien aufnehmen als wir benötigen, nehmen wir zu; wenn wir weniger Kalorien aufnehmen, als wir brauchen, nehmen wir ab.

So weit, so gut. Doch leider führt eine reduzierte Nahrungsaufnahme nicht automatisch zu einem bedeutenden Fettverlust, sondern vor allem zu einem beträchtlichen Verlust an Muskelmasse. Deshalb sieht man nach Hungerkuren oft schlechter aus als zuvor. Der Körper »nimmt« dort, wo etwas nicht gebraucht wird. Wenn Sie Ihre Muskeln jedoch brauchen, weil Sie diese durch das Training hohen Spannungen aussetzen, sieht der Körper vom Abbau ab und bedient sich an den Fettpolstern.

Körperfett dient in erster Linie als Nahrungsspeicher für schlechte Zeiten. Dies war über lange Zeit in der Evolution zweifellos eine lebenswichtige Fähigkeit der menschlichen Spezies.

Frauen und Krafttraining

Wenn von Fett die Rede ist, denken wir meist gleich an die lokalen Fettdepots wie beispielsweise den Bauch, das Doppelkinn oder die Oberschenkel (»Cellulite«).

Viele Anbieter von Fitnesszubehör haben Utensilien und Geräte im Programm, die auf unblutige Art und Weise dazu dienen sollen, Fett an bestimmten Stellen zu beseitigen. Das ist reiner Blödsinn. Abgesehen vom Messer des Chirurgen gibt es kein Gerät, mit dem spezifisch Fett entfernt werden kann.

Auch zwischen Muskeln und dem Fett in deren Nähe besteht kein Zusammenhang. Weder lässt sich die Einlagerung von Fett topographisch steuern, noch dessen Abbau.

Wo das Fett sich bei einem Individuum ablagert, und wo es – bei Mangelzuständen – zuerst abgebaut wird, ist genetisch vorbestimmt. Bauchübungen haben keinen Einfluss auf das Fett am Bauch, Übungen für die Gesäßmuskeln reduzieren keinerlei Fett am Po. Die gängigen »Bauch, Beine, Po«-Programme sind aus meiner Sicht nichts weiter als ein Ausdruck von Ignoranz.

> **Von herkömmlichen Fitness- und »Bauch, Beine, Po«-Programmen profitiert die Fitnessindustrie, aber nicht Ihre Figur. Denn zwischen den Muskeln und dem Fett in einer Region besteht kein Zusammenhang; Fettpölsterchen am Bauch lassen sich beispielsweise nicht mit Bauchübungen wegtrainieren.**

Die Fettablagerung – je nach Körpertyp unterschiedlich

Unser Körperfett hat komplexe, zum Teil gegenläufige Funktionen. Sind Sie blond und haben Sie grüne Augen? Dann werden Sie Ihre Fettreserven zuerst in den Nischen Ihres Körpers lagern. Das sind z.B. die Kniekehlen, die Rückseite des Oberarme, gleich oberhalb des Ellbogens, sowie die Unterseite Ihres Kinns. Wenn diese Nischen aufgefüllt sind, werden weitere Reserven relativ gleichmäßig auf Ihrer Körperoberfläche verteilt. Ihre Körperform nähert sich geometrisch betrachtet der Kugel. Die Kugel ist der Körper, der den größten Inhalt mit der geringsten Oberfläche aufweist. Da Ihre Vorfahren buchstäblich aus der Kälte – nämlich aus dem Norden – kamen, gehören Sie einem Menschentyp an, der aufgrund dieses spezifischen Musters der Fettablagerung überlebt hat, das der Speicherung von Wärme dient.

Gehen wir vom anderen Extrem aus: Sie haben schwarze Haare, dunkelbraune Augen und einen dunkleren bis sehr dunklen Teint.

Dann lagern Sie das Fett nicht in Nischen ab, sondern an einigen wenigen prominenten Stellen, z.B. an der Oberseite des Gesäßmuskels und um die

Schlank werden, schlank bleiben

Brustdrüse. Sie nähern sich somit nicht der Form der Kugel, sondern vergrößern die Oberfläche (wie ein Radiator) im Verhältnis zum Inhalt. Auf diese Weise wird Wärme rasch abgestrahlt. Diese Form der Ablagerung hat sich bei Ihren Vorfahren entwickelt, weil sie aus den warmen Zonen kamen.

Die beiden Extrembeispiele zeigen, dass die Fettablagerung nach zwei sich gegenseitig ausschließenden Mustern abläuft, die aber beide demselben Zweck dienen: dem Erhalt der Körpertemperatur.

Wenn Sie nicht zu einem dieser Extreme gehören, stellen Sie wie die meisten Menschen eine Mischform dar, d.h. Sie vereinen in Ihrem Körper Anteile von beiden Mustern. Dieses individuelle »Programm« lässt sich nicht verändern.

Muskeln statt Fett

Auf dem Weg zur Traumfigur sind Tabellen, die das Körpergewicht lediglich in Relation zu Geschlecht, Größe und Alter setzen, unbrauchbar. Was zählt, ist die Zusammensetzung. Muskeln oder Fett, das ist die entscheidende Frage. Muskeln tragen Ihren Körper; Fett (im Übermaß) belastet ihn. Muskeln sind schwerer als Fett. Das bedeutet, dass die üblichen Tabellen unsinnig sind, wenn Sie Krafttraining betreiben. Es gibt Bodybuilder, die 30 Kilogramm »Übergewicht« haben, jedoch einen unterdurchschnittlichen Fettanteil aufweisen.

Eine Reduktion der Kalorienaufnahme ist also nur die halbe Lösung, wenn man Fett verlieren will. Auch körperliche Anstrengungen mit dem einzigen Zweck, Kalorien zu verbrauchen, sind absurd. Die Lösung besteht darin, die Muskeln auf Kraft zu trainieren, den Kohlenhydratanteil der Nahrung zugunsten des Eiweißanteils zu reduzieren und viel Wasser zu trinken – mindestens zwei Liter täglich.

So zwingen Sie Ihren Körper, sich selbst zu verwerten; durch das Training sowie durch die Zufuhr von ausreichend Eiweiß und Wasser verhindern Sie den Abbau der Muskulatur. Hinzu kommt, dass trainierte Muskeln auch im Ruhezustand mehr Energie verbrauchen als untrainierte. Der Grundumsatz an Energie ist beim trainierten Menschen generell höher als beim untrainierten. Die Reduktion der Kohlenhydrate muss natürlich Ihrem Energiebedarf angepasst werden. Wenn Sie zusätzlich zum Krafttrai-

> **Vergessen Sie herkömmliche Tabellen, die das Idealgewicht nach Alter und Körpergröße berechnen. Das für die Optik entscheidende Verhältnis von Fett- und Muskelmasse können sie nicht messen.**

Frauen und Krafttraining

> **Je größer Ihre Muskelmasse ist, desto höher ist Ihr Grundumsatz. So nehmen Sie leichter ab, auch wenn die tägliche Kalorienzufuhr unverändert bleibt.**

ning eine Ausdauersportart betreiben, benötigen sie dementsprechend mehr Kohlenhydrate.

»Schönheitsmakel« Cellulite

Körperliche Ideale wandeln sich. In der Zeit des Barock, in der Rubens seine typischen Gemälde mit üppigen Frauenkörpern schuf, und auch in den 1950er-Jahren galt die – wie wir heute etwas euphemistisch sagen – vollschlanke Frau als Verkörperung der Weiblichkeit. Mit dem Schlankheitsideal, das in den 1960er-Jahren aufkam und das seither in den Medien verbreitet wird, entstand das Wort »Cellulitis«. Mit der Endung »-is« des Wortes wurde eine spezifisch weibliche Form der Fettspeicherung pathologisiert. Deswegen spricht man heute von »Cellulite«. Gleichwohl empfinden Frauen diese Erscheinung als in hohem Maße unästhetisch und suchen nach Abhilfe. An Angeboten, die Hilfe versprechen, mangelt es wahrhaftig nicht, jedoch an deren Wirksamkeit. Da es sich bei der Fettspeicherung um einen hormonell bedingten und gesteuerten Prozess handelt, kann er dementsprechend auch nur über den Hormonhaushalt beeinflusst werden.

Alle äußeren Maßnahmen wie Massagen, Packungen oder Trainingsprogramme, gleich welcher Art, sind von vornherein zum Scheitern verurteilt. Anti-Cellulite-Cremes zum Auftragen auf die Haut dringen nicht durch das Hautuntergewebe und bleiben somit ebenfalls wirkungslos.

Hauptfaktor: Ernährungsumstellung

Der Hormonhaushalt kann aber durch bestimmte Ernährungsmaßnahmen maßgeblich verändert werden. Diese bestehen hauptsächlich in einer massiven Reduktion der Kohlenhydrate zu Gunsten von Eiweiß.

Dies gilt selbstverständlich nur für den gesunden Menschen. Das Thema ist aber zu komplex, um in einem kurzen Kapitel abgehandelt zu werden. Voraussetzung für das Gelingen einer Ernährungsumstellung von solcher Tragweite ist ein Verständnis der ernährungsphysiologischen Zusammenhänge. Eine solche auch für Laien verständliche und wissenschaftlich trotzdem seriöse Einführung bieten z.B. die Bücher »Leben ohne Brot« von Dr. med. Wolfgang Lutze und »Die Montignac-Methode« von Michel Montignac.

»Schönheitsmakel« Cellulite

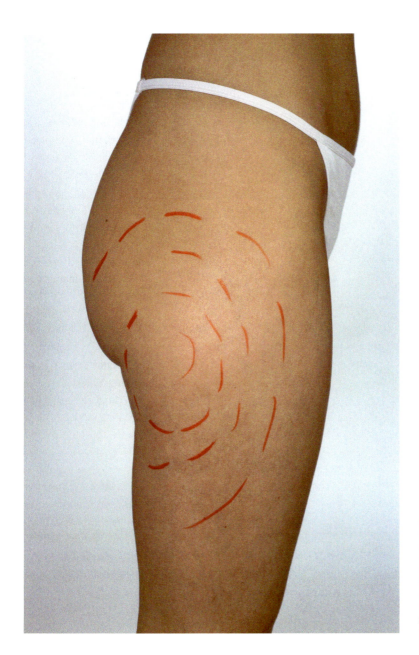

Da sie nicht in das Hautuntergewebe eindringen können, bleiben Cremes und Lotionen gegen Cellulite wirkungslos. Erfolgsversprechend ist hingegen eine Ernährung, bei der die Kohlenhydrate zugunsten von Eiweiß reduziert werden.

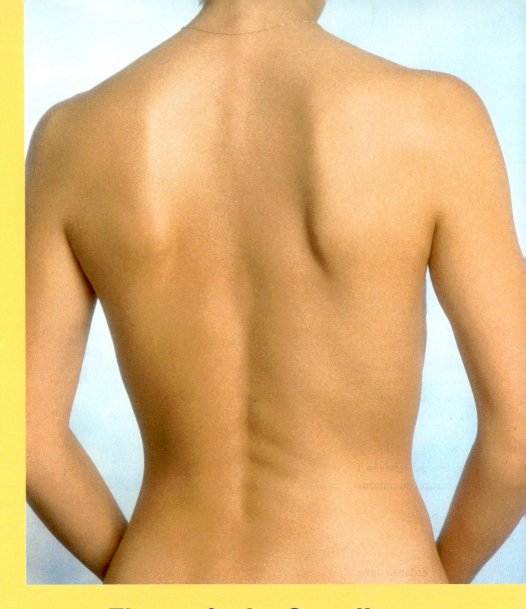

Theoretische Grundlagen

Der menschliche Körper ist ein hochkomplexes System. Hier erfahren Sie, wie Muskeln, Knochen, Nerven und Bindegewebe aufgebaut sind – und welche Konsequenzen sich daraus für das Krafttraining ergeben.

Die Qualität der Bewegung ist der Widerstand

Seit Urzeiten kannte man die Heilwirkung bestimmter Pflanzen. Wodurch dieser Effekt jedoch zustande kommt, war bis in die Neuzeit nicht bekannt. So war das Suchen, das Präparieren und das Verarbeiten der Heilpflanzen ein von Zaubersprüchen und Beschwörungen begleitetes Ritual. Oft wurde diesen Begleitumständen eine höhere Bedeutung zugemessen als den Pflanzen selbst. Die moderne Wissenschaft fand schließlich heraus, woraus die Wirkstoffe, also die Essenz dieser Pflanzen, bestehen, und ermöglichte damit die synthetische Herstellung großer Mengen durch die pharmazeutische Industrie.

So gesehen steht die Körperkultur derzeit noch auf der Erkenntnisstufe des Mittelalters. Wir wissen alle, dass körperliche Betätigung auf irgendeine Weise gesund ist. Doch was genau der Grund für diesen gesundheitsfördernden Effekt ist, ist kaum bekannt. Tatsächlich herrscht die Überzeugung vor, dass man sich »mehr bewegen« sollte. Darum ist es möglich, dass uns jedes Jahr gleich mehrere neue Fitnessmoden aufgetischt werden, gerade so, als wäre unser Bewegungsapparat eine Art Kleiderständer, dem man nach Belieben etwas Neues überziehen kann. Ärzte empfehlen ihren übergewichtigen Patienten, etwas gegen ihren angeblichen Bewegungsmangel zu unternehmen.

Mythos Bewegungsmangel

Tatsache ist jedoch, dass wir kaum unter Bewegungsmangel leiden. Bewegung als solche hat keine Qualität. Bewegung kann aber, weil sie – bedingt durch die Erdanziehung – meist mit der Überwindung von Widerstand einhergeht, einen Trainingseffekt auslösen.

Nicht die Bewegung ist jedoch die Essenz, sondern der Widerstand. Wenn dieser »richtig« ist, erfolgt ein Trainingseffekt – sonst nicht, ungeachtet jeder Bewegung. Sich »mehr« zu bewegen ist nicht die Lösung, weil wir nicht unter Bewegungsmangel leiden, sondern an einem chronischen Mangel an Widerstand.

Die Idee eines angeblichen Bewegungsmangels ist einer der vielen Irrtümer, der dazu führt, dass die meisten Fitnessaktivitäten nicht nur viel zu aufwändig sind, sondern auch oft in die falsche Richtung abzielen und folglich einen unverhältnismäßig geringen Erfolg zeigen.

Viel Bewegung bringt nicht automatisch den gewünschten Trainingseffekt. Entscheidend ist, dass die Muskeln in allen Gelenkswinkeln für eine gewisse Zeit angespannt werden.

Theoretische Grundlagen

Spannungshöhe, Spannungsdauer und Spannungsreichweite – das sind die drei Komponenten, mit denen Sie die Effizienz jeder körperlichen Aktivität bewerten können.

Für die Praxis Ihres Krafttrainings bedeutet das, dass Sie sich für die Qualität des Widerstandes sensibilisieren sollten. Dies lernen Sie sehr rasch, indem Sie sich während der Trainingsübungen nicht mehr auf das Bewegungsziel, sondern auf den Weg konzentrieren. Die Qualität des Widerstandes besteht aus drei Komponenten:

- Der Spannungshöhe – sie entspricht der Höhe des Trainingsgewichts.
- Der Spannungsdauer – sie ergibt sich aus der Zeit, für die die Spannungshöhe beibehalten werden kann. Der ideale Bereich liegt zwischen 60 und 90 Sekunden.
- Der Spannungsreichweite – sie entspricht jenem Gelenkwinkel, innerhalb dessen die Spannung wirksam ist.

Damit haben Sie gleichzeitig einen Maßstab zur Bewertung anderer körperlicher Aktivitäten, mit denen Sie einen Trainingseffekt anstreben. Was auch immer Sie an Aktivitäten ausüben, einen Trainingseffekt erzielen sie nur in jenen Gelenkwinkeln, in denen eine bestimmte Muskelspannung während einer bestimmten Zeit wirksam ist. Weil Kieser Training sich darauf konzentriert, einen möglichst vollständigen Trainingseffekt in allen Gelenkwinkeln zu erzielen und alles, was nicht zu diesem Trainingseffekt beiträgt, als unnötigen Aufwand ausschaltet, ist das Training zwar nicht allzu aufregend oder vergnüglich, jedoch effizient. Das Prinzip lautet: So viel wie nötig, so wenig wie möglich.

Der Stoff, aus dem wir gemacht sind

Wenn wir unseren Körper verändern wollen, sollten wir zunächst wissen, woraus er besteht.

Die Zelle ist das kleinste Modul lebender Gebilde, seien es nun tierische oder pflanzliche Organismen. Das Leben begann in den heißen Meeren der Urzeit. Kleinste molekulare Gebilde waren in der Lage, sich zu vervielfältigen. Zunächst bildeten sich dabei Einzeller heraus. Bedeutender war jedoch die Weiterentwicklung zu den Vielzellern. Diese weisen nicht nur mehr Zellen als die Einzeller auf, sondern können auch einzelne ihrer Zellen auf besondere Aufgaben spezialisieren. Diese differenzierten Zellen verbinden sich schließlich zu Organen und Organsystemen wie z.B. Haut, Muskeln und Knochen.

Der Stoff, aus dem wir gemacht sind

Die Zelle besteht aus einer dünnen und zum Teil durchlässigen Wand (Membran), die sich nach außen abschottet, jedoch hereinlässt, was sie braucht, und hinausbefördert, was sie nicht mehr benötigt. Vergleichbar mit einer Fabrik, tauscht sie Wärme, Nahrung, Sauerstoff, Abfallprodukte und Informationen mit der Umwelt aus. Im Urmeer war die Zelle von allen Seiten mit Flüssigkeit umspült. Den Zellen unseres heutigen Körpers steht erheblich weniger Flüssigkeit zur Verfügung. Dass sie nicht in ihren eigenen Endprodukten ersticken, verdanken sie dem Regulationsmechanismus der Blutversorgung. Wasser und Nahrung werden der Zelle laufend zugeführt, gleichzeitig werden Stoffwechsel-Endprodukte über Stuhl und Urin ausgeschieden.

Diese Mechanismen werden durch spezialisierte Organe, gebildet aus spezialisierten Zellen, geleistet.

Zellmassen bilden Gewebe, die Organe und Körperteile formen. Die unterschiedlichen Gewebearten sind alle voneinander abhängig. Erst durch ihre Gemeinschaftsarbeit ermöglichen sie Leben. Wir unterscheiden sechs Gewebearten: Epithelgewebe, Bindegewebe, Muskeln, Knochen, Nerven und Blut.

> **Die sechs Gewebearten – Epithelgewebe, Bindegewebe, Muskeln, Knochen, Nerven und Blut – sind alle miteinander vernetzt.**

Epithelgewebe: Dieses Gewebe begrenzt in mehrschichtigen Zelllagen Körperoberflächen oder Innenflächen von Hohlräumen. Es schützt das darunter liegende Gewebe und absorbiert Druck und Sekretion. Das Epithelgewebe verhindert beispielsweise, dass auf die Haut aufgetragene Anti-Cellulite-Cremes oder kampferhaltige Öle gegen Muskelschmerzen zum Fettgewebe oder gar in die Muskeln vordringen können.

Bindegewebe: Es schützt, stützt und durchdringt den ganzen Körper. Bindegewebe besteht vorwiegend aus den unelastischen Kollagenfasern. Elastische Anteile überwiegen jedoch dort, wo das Gewebe starker Verformung ausgesetzt ist. Bei Verletzungen bildet sich Bindegewebe als Reparaturstoff. Die Natur übertreibt manchmal, indem sie unnötige Mengen von Bindegewebe produziert, z.B. bei der Narbenbildung. Dies kann so weit gehen, dass beispielsweise die starke Bindegewebsbildung nach Handverletzungen zu Bewegungseinschränkungen führen kann. Zum Bindegewebe zählen Bänder, Knorpel und Sehnen.

Theoretische Grundlagen

Bänder verbinden die Knochen miteinander. Sie sind ähnlich aufgebaut wie die Sehnen, verfügen jedoch über mehr elastische Fasern, insbesondere jene, die an der Rückseite der Wirbelsäule befestigt sind.

Knorpel fangen Druck oder Schläge auf. Sie finden sich aufgrund ihrer elastischen Eigenschaften überall dort, wo eine Verformung möglich sein muss. Knochenenden gehen in Knorpel über, die Bandscheiben sind Knorpel, das Nasenbein endet in einer Knorpelspitze.

Sehnen werden auf Zug belastet und übertragen die Muskelkräfte auf die Knochen. Sie bestehen hauptsächlich aus unelastischem Bindegewebe. Ihr Querschnitt zeigt meist eine runde Form. Einzige Ausnahme: Die Sehnen der Bauchmuskeln sind flach und breit.

Muskeln: Muskelfasern werden in drei Gruppen eingeteilt: glatte, unwillkürliche Muskelfasern, z.B. für die Verdauungstätigkeit; quergestreifte, willkürliche Fasern für die Bewegungen des Skeletts; und die Herzmuskelfasern, die zwar ebenfalls quergestreift sind, jedoch nicht bewusst bewegt werden können. Insgesamt besteht die Muskulatur hauptsächlich aus willkürlichen Muskelfasern, wir können sie also bewusst bewegen. Als Organ gesehen, enthält die Muskelmasse jedoch einen hohen Anteil an Bindegewebe, Blutgefäßen und Nerven.

Knochen: Sie sind das härteste Stützgewebe. Die Knochen verdanken ihre Stabilität einem bestimmten Anteil an Salzen. Ein salzfreier, entkalkter Knochen wird biegsam. Unterernährung, Vitaminmangel oder hormonelle Störungen können Knochenerweichung verursachen, wie dies beispielsweise bei Rachitis zu sehen ist. Knochen sind eine lebendige Substanz. Mit Krafttraining werden sie stärker, Mangel an Widerstand schwächt sie.

> **Auch die Knochen reagieren auf dosierten Widerstand mit Wachstum. Krafttraining ist deshalb auch ein guter Schutz gegen Osteoporose.**

Nerven: Das Nervensystem dient der internen Kommunikation und damit der Koordination der Muskeltätigkeit. Vergleichbar mit Stromleitungen, durchziehen die Nerven unseren Körper in unterschiedlicher Dichte. Ihre Anzahl ist immens: Allein unser Hirn verfügt schätzungsweise über rund 150 Milliarden Nervenzellen. Der kleinste Gewebebestandteil des Nervensystems heißt Neuron; die kleinste Funktionseinheit wird »Reflexbogen« genannt.

Wie funktioniert der Bewegungsapparat?

Blut: Als Transportweg für Sauerstoff, Kohlensäure, Nährstoffen, Vitaminen, Hormonen und Abbaustoffen erfüllt das Blut eine Vielzahl unterschiedlicher Funktionen. Die Blutmenge eines Erwachsenen liegt bei etwa fünf bis sieben Litern. Verluste ab zwei Liter bedeuten Lebensgefahr.
Insgesamt besehen, ist unsere körperliche Beschaffenheit nicht allzu beeindruckend. Eigentlich sind wir relativ schwache und empfindliche Wesen – eine Tatsache, der auch das Training Rechnung tragen muss.

Wie funktioniert der Bewegungsapparat?

»Zug und Gegenzug« heißt das Prinzip, nach dem unsere Fortbewegung funktioniert. Ein Muskel zieht sich zusammen und bewegt damit den Knochen um einen oder mehrere Drehpunkte. Muskeln können sich nur zusammenziehen, »stoßen« ist nicht möglich. Soll der Knochen in die Gegenrichtung bewegt werden, tritt ein anderer Muskel in Aktion, der »Gegenspieler« oder Antagonist.

Jeder Bewegungsablauf unterliegt dem Prinzip von Zug und Gegenzug.

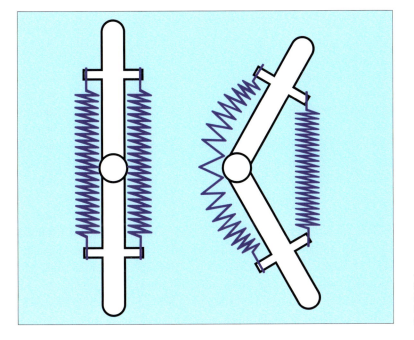

Jeder Muskel hat einen anderen als »Gegenspieler«. Zieht sich der eine zusammen, wird der andere gedehnt.

Theoretische Grundlagen

Ein Muskel ist dann vollständig gedehnt, wenn sein Antagonist vollständig kontrahiert ist. Eine darüber hinaus gehende Dehnung zu erzwingen – z.B. durch Druck oder Zug von außen, wie dies beim Stretching manchmal geschieht – ist nicht sinnvoll.

»Ursprung« heißt die Stelle, wo der Muskel an dem weniger beweglichen Knochen befestigt ist. Der »Ansatz« entspricht der Stelle am beweglicheren Skelettteil, an dem der Muskel ansetzt. Man spricht von ein-, zwei- oder mehrgelenkigen Muskeln und drückt damit aus, wie viele Gelenke der Muskel überzieht und damit bewegt. Muskeln können je nach Bewegungskontext die Rolle des »Mitspielers« (des Synergisten) oder eben des Gegenspielers (des Antagonisten) einnehmen.

Der Impuls an die Muskeln, sich zusammenzuziehen, geht vom Gehirn aus und läuft über das Rückgrat bis zur so genannten motorischen Endplatte. Der Impuls kann willkürlich erfolgen, aber auch unwillkürlich, z.B. beim Dehnungsreflex (siehe Kapitel »Rituale« ab Seite 172).

Energie für die Muskelarbeit

Um sich zusammenzuziehen, benötigt der Muskel Energie. Diese liefert ihm eine Substanz mit dem Namen Adenosintriphosphat (ATP), die im Muskel eingelagert ist und zur sofortigen Energiefreisetzung bereit steht. Der Vorrat ist jedoch begrenzt. ATP besteht aus drei Phosphatgruppen. Während der Muskelarbeit spaltet sich eine der drei Gruppen ab, und es entsteht Adenosindiphosphat (ADP).

Eine weitere energiereiche Verbindung im Muskel, das Kreatinphosphat, zerfällt während der Muskelarbeit, d.h. es wird eine Phosphatgruppe frei. Diese verbindet sich mit dem ADP, und daraus ergibt sich wiederum ATP – die Muskelarbeit kann fortgeführt werden.

Nach etwa 20 Sekunden Muskelarbeit jedoch wird eine neue, weitaus größere Energiequelle herangezogen: das Glykogen, eine komplexe Kohlenhydratverbindung. Sein Abbau setzt Energie frei. Diese dient wiederum zur Rückbildung von ATP und Kreatinphosphat. Beim Krafttraining sind vor allem ATP und Kreatinphosphat von Bedeutung.

Aber auch Sauerstoff wird zur Muskelarbeit benötigt – je länger Sie trainieren, desto mehr. Geliefert wird er über die Kapillaren des Muskels. Wird eine Muskelarbeit vorwiegend ohne Sauerstoff bewältigt, spricht

---

Für seine Arbeit benötigt der Muskel Adenosintriphosphat (ATP) – eine Substanz, die zur sofortigen Energiefreisetzung bereit steht und während des Trainings ständig neu gebildet wird.

Wie funktioniert der Bewegungsapparat?

man von anaerober Arbeit. Geht sie mit starkem Sauerstoffverbrauch einher, wird sie als aerob bezeichnet.

Eine Muskelfaser zieht sich vollständig zusammen oder gar nicht. Sie kann nicht »ein bisschen« ziehen. Die Kraft wird durch die Anzahl der eingesetzten Fasern dosiert. Vom Zentralnervensystem werden stets nur so viele Fasern aufgerufen, wie zur Erreichung der Spannungshöhe im konkreten Fall gerade benötigt werden. Die anderen, »untätigen« Fasern werden »mitgeschleppt«, ohne zur Arbeit beizutragen. Dauert die Arbeit an, ermüden die belasteten Fasern und fallen aus. Jetzt werden bisher untätige Fasern einbezogen und lösen die erschöpften Fasern ab. Schließlich ermüden auch diese Fasern und werden weiter ersetzt. Ist der zu überwindende Widerstand sehr gering, kann die Arbeit theoretisch unendlich weitergeführt werden, weil sich die Fasern zwischen den Einsätzen laufend erholen. Ab einer bestimmten Spannungshöhe jedoch kommen gleichzeitig so viele Fasern zum Einsatz, dass für eine länger dauernde Arbeit insgesamt zu wenig Fasern zur Ablösung verbleiben.

> **Eine Muskelfaser zieht sich entweder vollständig zusammen oder gar nicht, wobei die Kraft durch die Anzahl der eingesetzten Fasern dosiert wird.**

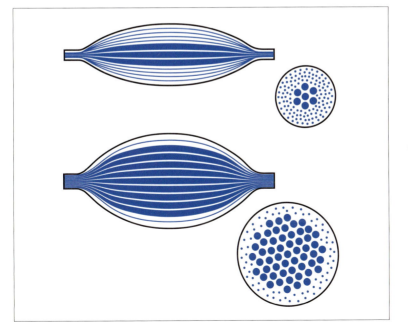

Schematische Darstellung eines untrainierten (oben) und eines trainierten (unten) Muskels. Die trainierten Muskelfasern enthalten mehr Nährflüssigkeit und sind dadurch verdickt. Dank des Trainings werden passive, dünne Fasern zu aktiven, dicken Fasern. Sobald alle passiven Fasern in aktive umgewandelt sind, ist das genetische Potenzial ausgeschöpft.

27

Theoretische Grundlagen

Schließlich entsteht ein Ungleichgewicht zwischen Verbrauch und Nachschub. Der Einsatz wird von Mal zu Mal kürzer, die Fasern kommen immer weniger erholt zum Einsatz, bis der ganze Muskel versagt. Zum Schluss ist keine Bewegung mehr möglich.

Die Trainingslehre geht davon aus, dass erst in diesen letzten Sekunden der Zugriff auf Reservefasern erfolgt und damit den Mechanismus des Kraftwachstums auslöst. Als Reserve-Fasern gelten jene Fasern, die im Muskel angelegt sind, aber im Alltag nicht genutzt werden. Sie enthalten nur geringe Mengen an energiereicher Substanz und sind dementsprechend dünn. Beim Training der Muskulatur geht es um die Ausschöpfung und Bereitstellung dieser brachliegenden Energiepotenziale.

> **Zu häufiges Training oder ein zu großer Trainingsumfang schaden mehr, als sie nützen. Trainieren Sie deshalb nach dem Prinzip »so viel wie nötig, so wenig wie möglich«.**

Konsequenzen für die Trainingspraxis

- Die Höhe des Widerstands und damit der Muskelanspannung ist ausschlaggebend dafür, ob ein Trainingseffekt erzielt wird. Nur innerhalb einer gewissen Bandbreite kann die Reizschwelle überschritten werden. Ist der Widerstand zu gering, kann die Arbeit von den vorhandenen aktiven Fasern bewältigt werden; eine Aktivierung von Reservefasern findet nicht statt, und damit auch kein Trainingseffekt. Ist der Widerstand hingegen zu hoch, erschöpfen die Muskelfasern zu schnell, und der Zugriff auf die Reservefasern setzt nicht ein; auch in diesem Fall bleibt der Trainingseffekt aus.
- Die ersten 20 bis 30 Sekunden einer Übung bringen den Einzelmuskel in Schwung und schaffen eine günstige Situation für einen Trainingsreiz, indem sie die vorhandenen aktiven Fasern mobilisieren und schließlich erschöpfen. Erst in den letzten Sekunden, kurz vor dem Versagen der Muskeln, wird auf die Reservefasern zurückgegriffen und damit ein Trainingseffekt erzielt.
- Der Trainingsumfang, also die Anspannungsdauer pro Trainingseinheit, beeinflusst den Trainingseffekt ab einem bestimmten Punkt eher negativ. Je umfangreicher das Training, desto wahrscheinlicher ist es, dass es überhaupt keinen Effekt mehr erzielt, weil die notwendige Spannungshöhe nicht erreicht wird. »Je mehr Training, desto größer der Trainingseffekt« – diese Annahme ist nach heutigen Erkenntnissen falsch.

Muskeln arbeiten vorzugsweise im Team

Wenn sich ein Muskel zusammenzieht, bewegt er Knochen um eine oder mehrere Gelenkachsen. Bewegungen, die in einer geraden Zielrichtung verlaufen, etwa wenn Sie aus der Kniebeuge aufstehen, kommen durch gegenläufige Drehung in mindestens zwei Gelenken zu Stande. Im Falle der Kniebeuge dreht sich der Oberschenkelknochen im Hüftgelenk in die eine, das Schienbein in die andere Richtung. Die beteiligten Muskeln, der Gesäßmuskel und der Oberschenkelmuskel, bilden damit eine Muskelschlinge. So nennt man die Muskelgruppe, die bei einem bestimmten Bewegungskontext zusammenarbeitet (siehe auch Kapitel Dysbalancen in der Muskelschlinge ab Seite 41).

Das oben angeführte Beispiel mit der Kniebeuge ist etwas vereinfacht dargestellt: In Wirklichkeit sind es meist viele Muskeln, die in einer Schlinge zusammenspielen. Der gesamte Bewegungsapparat ist in solchen Schlingen organisiert.

Diese Tatsache hat Bedeutung für den Aufbau des Trainingsprogramms. Wenn Sie lediglich die Beine und den Oberkörper kräftigen, jedoch den Mittelbereich vernachlässigen, in dem sich die größten und wichtigsten Muskeln befinden, schaffen Sie eine prekäre Situation. Ihr Körper besteht dann praktisch aus zwei kräftigen Hälften, die aber nur durch ein schwaches Mittelstück miteinander verbunden sind. Es ist, als ob man ein schweres Tor und eine starke Wand mit dünnen Scharnieren verbinden würde.

> **An jedem Bewegungsablauf sind mehrere Muskeln beteiligt. Dieser Verbund wird Muskelschlinge genannt.**

Was heißt eigentlich »Kraft«?

In der Umgangssprache wird das Wort »Kraft« großzügig und vielfältig verwendet: Geisteskraft, Sehkraft, seelische Kraft, Arbeitskraft usw. Da »Kraft« im vorliegenden Buch das zentrale Thema ist, sollten wir diesen Begriff genauer definieren.

Wenn Sie eine Badezimmerwaage in beide Hände nehmen und sie so stark zusammendrücken, wie Sie nur können, zeigt die Waage einen bestimmten Kilogrammbetrag an. Dieser ist das Maß der maximalen Kraft jener Muskeln, die Sie einsetzen, um die Waage zusammenzudrücken. Kraft hat weniger mit Bewegung zu tun, als mit Spannung.

Theoretische Grundlagen

Es gibt drei Erscheinungsformen der Muskelkraft: die statische (isometrische), die dynamisch-konzentrische (positive) und die dynamisch-exzentrische (negative).

Die »Maximalkraft« entspricht der im vorangegangenen Beispiel mit der Badezimmerwaage eingesetzten Kraft. Verändert sich die Maximalkraft, verändern sich alle übrigen Erscheinungsformen der Kraft, weil es sich immer wieder um denselben physiologischen Prozess handelt.

Kraft und Koordination

> **Die so genannte Schnellkraft ist für sportliche Höchstleistungen und Rekorde entscheidend – beim gesundheitsorientierten Krafttraining spielt sie keine Rolle.**

Im Sport wird oft von der »Schnellkraft« gesprochen. Dieser Begriff definiert die Fähigkeit, Bewegungen schnell ausführen zu können. Die Schnellkraft entsteht durch die Kombination der beiden Faktoren Kraft und Koordination.

Sowohl Kraft wie Koordination sind in hohem Maße trainierbar, wobei man bei der Schulung der Koordination eher von »Üben« als von »Training« spricht, da sie anderen Gesetzmäßigkeiten unterliegt als das Training der Kraft. Einer Sprinterin, die ihre Zeit verbessern will, fehlt es stets an einem der beiden Faktoren: entweder an der Kraft zur Beschleunigung der Körpermasse oder eben an der Koordination. Die Schnelligkeit der Bewegung interessiert naturgemäß die Sportler und ihre Betreuer. Vom gesundheitlichen Standpunkt gesehen ist sie bedeutungslos.

Ein weiterer in Sportlerkreisen häufig verwendeter Begriff ist die »Kraftausdauer« – die Fähigkeit, eine bestimmte Muskelspannung, sei sie nun statisch oder dynamisch, über einen bestimmten Zeitraum aufrecht zu erhalten. Diese steht in direktem Zusammenhang mit der Maximalkraft. Gehen wir einmal davon aus, dass Sie bei einer bestimmten Übung 50 kg mit maximalem Kraftaufwand einmal schaffen und mit 40 kg (80 Prozent der Maximalkraft) zehn Wiederholungen zu Stande bringen. Nach sechs Monaten Training hat sich Ihre Maximalkraft verdoppelt, sodass Sie nun 100 kg einmal schaffen. Auch Ihre »Kraftausdauer« hat sich dann proportional verändert: Statt nur mit 40 kg schaffen Sie jetzt mit 80 kg zehn Wiederholungen.

Das folgende Beispiel eines Tests zeigt, dass es sich bei den Begriffen »exzentrische«, »konzentrische« und »isometrische« Kraft stets um die gleiche Kraft handelt.

Was heißt eigentlich »Kraft«?

Getestet wurde die Streckung des Beines im Kniegelenk, also die Kraft der Oberschenkelmuskeln. Das Testgerät ist an einen Motor angeschlossen, der den Hebelarm in langsamem Tempo nach oben und wieder zurück bewegt. Die Testperson versucht nun, den Hebelarm bei der Aufwärtsbewegung zu beschleunigen und ihn bei der Abwärtsbewegung zu bremsen. Es sind somit immer dieselben Muskeln, die arbeiten, Spannung entwickeln und sie aufrechterhalten: erst konzentrisch (beschleunigend), dann exzentrisch (bremsend). Im Hebelarm ist ein Tensiometer eingebaut, das den vom Probanden entwickelten Druck misst und auf einem Bildschirm als Grafik anzeigt.

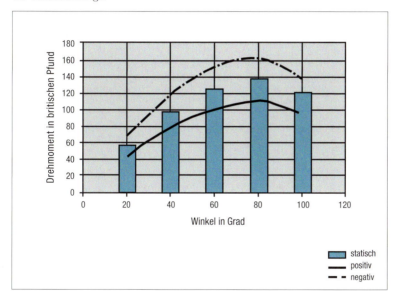

Der Verlauf der Kraftkurve ist bei den drei Belastungsformen identisch:
- statisch (Balkendiagramm)
- konzentrisch (untere Linie)
- exzentrisch (obere Linie).

Die Unterschiede in der Kraft ergeben sich aus der Reibung innerhalb des Muskels.

Der Kraftkurvenverlauf ist bei allen drei Belastungsformen identisch. Unterschiedlich ist jedoch die generierte Kraft. Warum? Die plausibelste Erklärung lautet: Bei der Kontraktion müssen die Muskeln nicht allein den äußeren, sondern auch einen inneren Widerstand überwinden, nämlich die Reibung der Fasern beim Zusammenziehen.

Die Reibung, die die positive Bewegung zusätzlich erschwert, entfällt in der negativen Phase. Darum sind wir fähig, weit größere Lasten zu senken als zu heben. Die statische Kraft liegt in der Mitte zwischen der negativen

Theoretische Grundlagen

und der positiven Kraft; da keine Bewegung stattfindet, gibt es auch keine Reibung zu überwinden. Mit fortschreitender Ermüdung nimmt die Reibung zu. Dies ist einer der Gründe dafür, warum dynamische (während der Bewegung durchgeführte) Messungen nicht zuverlässig sind. Brauchbare Messresultate für wissenschaftliche oder medizinische Zwecke sind allein durch die statische Messung möglich.

Während der Bewegung verändert jeder Muskel seine Kraft. Diese Kraftkurve kann gemessen werden; sie ist wichtig für den Bau von Trainingsmaschinen und für das Training selbst.

Die Kraftkurve

Wenn Muskeln arbeiten, ziehen sie sich zusammen und werden folglich kürzer. Auf dem Weg ihrer Verkürzung verändern die Muskeln ihre Kraft. Beispielsweise nimmt die Kraft der Oberschenkelmuskeln während ihrer Kontraktion laufend ab. Am schwächsten sind diese Muskeln, wenn das Bein im Kniegelenk vollständig gestreckt ist, der Muskel also am kürzesten ist. Die Beuger des Unterschenkels zeigen nahezu das gleiche Verhalten. Als Gegenspieler der vorderen Oberschenkelmuskeln sind sie nicht in der gestreckten Position des Beines, sondern in der vollständigen Beugung am schwächsten. Das Prinzip, dass der Muskel am stärksten in der vollen Dehnung ist, gilt für alle Muskeln, vergleichbar einem Gummiband, das auch mehr Kraft entwickelt, je länger wir es ziehen. Da aber die Muskeln unterschiedlich an den Knochen befestigt sind und damit unterschiedliche Hebel wirksam sind, hat jede Gelenkfunktion eine eigene, im Vergleich mit den anderen Gelenken unterschiedliche Kraftkurve. Das Wissen um diese Kraftkurven ist nicht nur für den Bau von Trainingsgeräten und -maschinen wichtig, sondern auch für die bewusste und damit produktive Durchführung des Trainings.

Genau genommen bringt eine Übung nur in jener Gelenkstellung einen Kraftzuwachs, in der der Muskel überschwellig belastet wird. Dies bedeutet, dass jeder Mensch allein durch seine alltäglichen Bewegungen eine veränderte, »unechte« Kraftkurve aufweist. Ihr Verlauf ist somit ein Ausdruck der Belastungsanforderungen, denen der jeweilige Muskel ausgesetzt ist. Am Beispiel der Wasserski-Sportlerin (siehe Grafik) wird dies besonders gut deutlich.

Wenn Muskeln sich zurückbilden, verlieren sie die Kraft zuerst in der Position der Verkürzung, also in der Endphase der Kontraktion. Dies ist

Die Kraftkurve

nicht allzu erstaunlich, denn hier wirken ohnehin wenig Reize; außerdem finden fast alle trainingswirksamen Belastungen in Beruf und Sport auf den Muskel eher im Anfangs- und Mittelbereich seiner Verkürzung als in der Nähe der vollen Kontraktion statt.

Untersuchungen an Rückenpatienten zeigen, dass die Wiederherstellung der ursprünglichen, d.h. der richtigen Kraftkurve zur Schmerzfreiheit führt. Wer seine Kraftkurven »begradigt«, bringt seinen Bewegungsapparat in Ordnung. Dass dazu »etwas Bewegung« oder ein bisschen »Wellness« nicht ausreicht, leuchtet wohl jedem ein. Der Schlüssel zum Erfolg ist die Überwindung von dosiertem und kontrolliertem Widerstand.

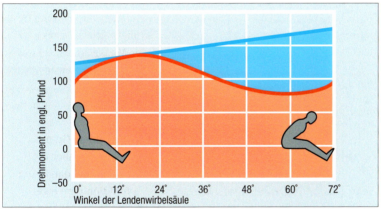

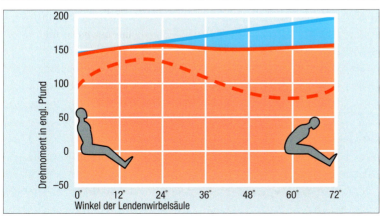

Patientenbeispiel
Ist und Sollkraftkurve zu Beginn der Therapie: Die 49-jährige Patientin ist Wasserskifahrerin und litt jahrelang unter chronischen Rückenschmerzen mit Ausstrahlungen in die Beine. Es wurden 18 Behandlungen an der Lumbar-Extension-Maschine von MedX durchgeführt. Die Patientin ist heute schmerzfrei. Interessant an diesem Beispiel ist der S-förmige Kraftkurvenverlauf beim ersten Test, ein typischer Hinweis auf die Sportart der Patientin: Wasserskifahren belastet und trainiert die unteren Rückenmuskeln in eben der Position, in der die Patientin die größte Kraft aufweist. Die gerade Linie darüber zeigt den Soll-Verlauf auf diesem Kraftniveau.

Kraftkurve zu Beginn (oben) und am Schluss der Therapie (unten): Die Kraft ist insgesamt beträchtlich gestiegen, die intramuskuläre Dysbalance ist weitgehend korrigiert, die Schmerzen sind verschwunden.

Theoretische Grundlagen

Selbstwahrnehmung

Die meisten Menschen sind nicht in der Lage, einzelne Muskeln willkürlich anzuspannen, ohne gleichzeitig andere Muskeln unwillkürlich mit anzuspannen. Das kann der Grund dafür sein, wenn Sie eine Übung am »falschen Ort« spüren; z.B. im Nacken, statt in den Beinen, oder in den Armen, statt am Rücken. Sie sind dann nicht etwa »verkrampft«, sondern haben nie gelernt, Ihren Körper in seinen Funktionen wahrzunehmen. Sie haben ihn nicht unter Kontrolle. Bei manchen Menschen hört die Wahrnehmung ab dem Hals auf. Was tiefer liegt, interessiert sie nicht mehr.

Wenn Sie die Fähigkeit entwickeln, Ihre Muskeln nach Belieben anzuspannen und loszulassen, verbessern Sie nicht nur die Resultate beim Krafttraining. Sie entwickeln damit die Verbindung zwischen Ihren Muskeln und Ihrer Seele, die ja nichts anderes ist als eine Art Orientierungsorgan Ihres Körpers. Die Rückkoppelung ist bekannt: Wenn Sie Ihre Lachmuskeln betätigen, wird Ihnen heiter zumute. Wenn Sie zornige Gesten machen, werden Sie Gefühle des Zorns entwickeln. Präzisieren Sie Ihre Bewegungen, und Ihr Denken wird feiner und genauer. Umgekehrt drückt sich Unlust oder Oberflächlichkeit in gebremster Bewegung bzw. Fahrigkeit aus.

> Wenn es Ihnen schwer fällt, einzelne Muskeln bewusst anzuspannen, kann ein Kurs zur Schulung der Selbstwahrnehmung hilfreich sein. Geeignet sind beispielsweise die Feldenkrais- oder die Alexander-Methode.

Feldenkrais- und Alexander-Methode

Dieses »Innewerden« des eigenen Seins und Tuns hat der Naturwissenschaftler Moshe Feldenkrais (1904–1984) in seinem Buch »Der aufrechte Gang« treffend geschildert: »Ein jeder bewegt sich, empfindet, denkt, spricht auf die ganz ihm eigentümliche Weise, dem Bild entsprechend, das er sich im Lauf seines Lebens von sich gebildet hat. Um Art und Weise seines Tuns zu ändern, muss er das Bild von sich ändern, das er in sich trägt.« Dieses Wissen um die Ausdehnung des eigenen Körpers, also »was sich wo befindet«, sollte jedoch nicht vor einem Spiegel geübt werden, sondern durch Konzentration nach innen. Probieren Sie folgende Übung aus, die zeigt, was hier gemeint ist: Strecken Sie einen Arm nach vorne aus. Schließen Sie die Augen. Setzen Sie nun den Zeigefinger des ausgestreckten Armes mit einer einzigen Bewegung auf Ihre Nasenspitze. Getroffen? Dann ist Ihre Wahrnehmung, jedenfalls in diesem oberen Bereich, gut.

Selbstwahrnehmung

Verfehlt? Dann üben Sie weiter. Nach wenigen Versuchen werden Sie feststellen, dass es klappt.

Ein vergleichbares System schuf der Sänger und Schauspieler F. M. Alexander (1869–1955). Er litt unter anfallartigen Atembeschwerden und Heiserkeit beim Rezitieren – ein Zustand, der bei Alexanders Beruf existenziell bedrohlich war. Er beobachtete, dass er die Nackenmuskeln beim Rezitieren anspannte und damit übermäßigen Druck auf den Kehlkopf ausübte. Also übte er das »Loslassen« der Nackenmuskeln. Mit einiger Übung erreichte er, dass die Symptome völlig verschwanden. Fasziniert von seiner »Wunderheilung«, beobachtete Alexander sich weiter und stellte fest, dass er beim Anspannen der Nackenmuskeln auch seinen Brustkorb anhob, seinen Rücken zusammenzog und sich kleiner machte. Sein ganzer Körper stellte ein (Muskel-)Spannungsfeld dar, in dem sich alle Muskeln gegenseitig beeinflussten. Aus dieser Erkenntnis leitete er ab, dass auch andere Syndrome durch die Kunst des »Unterlassens« (unnötiger Muskelanspannungen) und des »richtigen Gebrauchs des Körpers« zum Verschwinden gebracht werden könnten. Alexander baute seine Heilmethode aus und erlangte internationale Berühmtheit.

In den Jahrzehnten meiner Arbeit als Krafttrainer fand ich die Theorien von Feldenkrais und Alexander vollauf bestätigt. Oft kamen Menschen zu mir, die ihren Körper offensichtlich nicht richtig wahrnahmen. Sie waren nicht in der Lage, einzelne Muskeln anzuspannen und gleichzeitig andere loszulassen. Diese Unfähigkeit lag nicht daran, dass die Leute »verkrampft« waren. Sie hatten einfach nicht die Gelegenheit zu lernen, mit ihrem Körper richtig umzugehen.

Krafttraining unterstützt die Körperwahrnehmung

Zu diesem richtigen Umgang mit dem Körper trägt Kieser Training in hohem Maße bei. Die langsamen Bewegungen, das Anspannen bestimmter Muskeln und das gleichzeitige »Loslassen« anderer, entwickelt eine »Beseeltheit« Ihrer Muskulatur. Das bedeutet, dass Ihr Leben nicht mehr ausschließlich im Kopf stattfindet. Voraussetzung ist allerdings, dass Sie die Übungen bewusst und nicht etwa mechanisch ausführen.

Von besonderer Bedeutung ist diese Fähigkeit der Wahrnehmung für das Training der Beckenbodenmuskulatur (vgl. Seite 45).

Mit gezielten Übungen können Sie die Beckenbodenmuskeln effektiv stärken. Diese Übungen lassen sich auch gut in das Krafttrainingsprogramm integrieren.

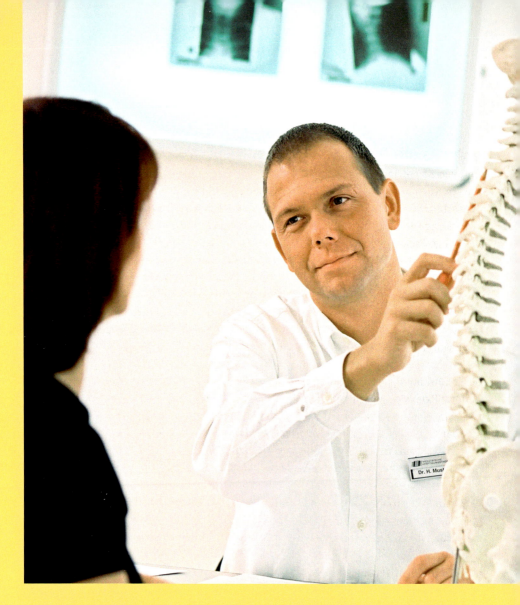

Krafttraining als Therapie

Das gesundheitsorientierte Krafttraining hat sich als wirksame Therapiemaßnahme bei einer Reihe von gesundheitlichen Beschwerden bewährt. Dazu zählen chronische Rückenschmerzen, muskuläre Dysbalancen und beginnender Knochenschwund (Osteoporose).

Schluss mit Rückenschmerzen

Bei dem so genannten »Rückenproblem« handelt es sich in Wirklichkeit um ein Kraftproblem. Acht von zehn Patienten, die unter chronischen Rückenschmerzen leiden, haben eine zu schwache Rückenmuskulatur. Jahrzehntelang versuchte man, Rückenschmerzen mit »passiven« Maßnahmen wie Fango-Packungen und Massagen abzuhelfen. Dass mit solchen Verfahren eine vorübergehende Linderung erreicht wird, kann jedoch nicht darüber hinwegtäuschen, dass damit die Ursache des Leidens nicht ausgeräumt wird – sie bekämpfen lediglich die Symptome.

Federführend bei der Entwicklung der Behandlung von Rückenschmerzen mit Krafttraining waren die Forschungen an der Universität von Florida. Hier wurde erstmals erkannt, dass die Ursache von Kreuzschmerzen meist eine zu schwache Muskulatur ist. Möglich wurde die Einführung des Krafttrainings für breitere Bevölkerungsschichten aber erst durch die Lumbar-Extension-Maschine von Arthur Jones, dem Erfinder der Nautilus-Maschinen, in den 1970er-Jahren. Schon die ersten Messungen an der Lumbar-Extension-Maschine (die in jedem Kieser Training-Betrieb genutzt wird), machten alle bis dato vorliegenden Messdaten und Studien über angebliche Kräfte der Rückenmuskeln zu Makulatur. Messungen an hunderten von Personen zeigten, dass die meisten von ihnen – darunter hochtrainierte Athleten – über zu schwache Lumbal-Extensoren verfügten. Das Ausmaß der Schwäche war so groß, dass in vielen Fällen Kraftsteigerungen von mehreren hundert Prozent erzielt wurden. Die Höhe des Trainingsgewinns ist der direkte Hinweis auf die vorangegangene Schwäche. Die Studien zeigten, dass mit »normaler« sportlicher Tätigkeit und »normalem« Training oder Physiotherapie diese kritische Muskulatur nicht erfasst wird.

> Eine zu schwache Rückenmuskulatur ist in den allermeisten Fällen die Ursache für chronische Kreuzschmerzen. Deshalb sind passive Maßnahmen wie Massagen oder Bäder als Ursachenbehandlung wirkungslos.

Der Erfolg des Kieser Trainings bei chronischen Rückenschmerzen ist spektakulär. Nicht wenige Kandidaten für Rückenoperationen, die sich – sozusagen als letzten Strohhalm – zum Kieser Training anmeldeten, konnten nach wenigen Trainingseinheiten den Termin für die Operation absagen.

Welche Rückentherapien von den Krankenkasse anerkannt sind, sagt mehr über die Krankenkasse aus als über die Therapien. Tatsächlich verrät die Fülle der Angebote an Rückentherapien die Ratlosigkeit gegenüber

Krafttraining als Therapie

dem Problem. Nach Aussage führender Orthopäden liegt die Ursache von etwa 80 Prozent aller Rückenbeschwerden in einer Schwäche der Rückenmuskulatur, genauer der Lumbal-Extensoren und der tiefliegenden (autochthonen) Rückenmuskeln. Mit einer einzigen Übung (F3, siehe Seite 118) und einem Zeitaufwand von einigen Minuten pro Woche könnten die rund 20 Milliarden Euro, die allein in Deutschland jährlich durch Rückenschmerzen und ihre Folgen ausgegeben werden, um 75 Prozent reduziert werden. Diese Maßnahme wäre zwar segensreich für die Patientinnen und Patienten; die Kostenträger, also die Krankenkassen und Kliniken, müssten allerdings eine gigantische Vernichtung der damit verbundenen Arbeitsplätze beklagen.

> In der Rückenschule lernen Schmerzpatienten, »schädliche« Bewegungen zu vermeiden und ein Bewusstsein für den Rücken zu entwickeln. Damit wird das »Kreuz mit dem Kreuz« jedoch eher problematisiert als therapiert.

Warum die Rückenschule nicht weiterhilft

Die so genannte Rückenschule versucht seit Anfang der 1980er-Jahre mit dem Einüben von Verhaltensänderungen, kombiniert mit Entspannungstechniken und Dehnungsübungen, Rückenbeschwerden zu verhindern oder gar zu beheben. Durch die Entwicklung koordinativer Fähigkeiten wird jedoch das Grundproblem – der Mangel an Kraft – nicht gelöst. Wer die ohnehin schwachen Muskeln schont, schwächt diese weiter. Das in Gruppen kultivierte »Rückenbewusstsein« fördert Hypochondrie, ängstliche Selbstbeobachtung und begünstigt eine »Leidenskultur«. Die Abhängigkeit von Therapeuten nimmt zu. Die Sorge um wirbelsäulengerechte Möbel und einen rückenzentrierten Lebensstil treibt den Patienten um; seine Familie und sein berufliches Umfeld werden genötigt, Rücksicht auf sein Problem zu nehmen und damit seinen Sonderstatus zu akzeptieren.

Und was ist das Resultat all dieser Bemühungen? »Ich habe mein Rückenproblem jetzt besser im Griff«, »ich kann damit besser umgehen«, »es hat sich stabilisiert«. So verklärt man Misserfolge. In Wirklichkeit gibt es nur drei mögliche Aussagen: »Ich habe mehr Schmerzen«, »ich habe weniger Schmerzen« oder »ich bin schmerzfrei«. Alles andere lässt keine Rückschlüsse auf die Wirksamkeit zu.

Einen starken Rücken sollen Sie nicht spüren, sondern gebrauchen. Sie können sich bewegen, wie es Ihnen beliebt, sich im Stuhl lümmeln, wie Sie möchten. Sie müssen nicht kerzengerade dasitzen und sich nicht vor jeder Tätigkeit darüber Gedanken machen, was dies für Ihren Rücken wohl bedeuten könnte. Sie heben Gegenstände mit geradem oder krummem Rücken. Was schert Sie das? Das einzige, worauf Sie wirklich achten müssen, ob Sie nun Rückenpatientin sind oder nicht: Meiden Sie ruckartige Bewegungen; bewegen Sie sich langsam und mit Würde. Sie verpassen nichts. Nehmen Sie alles ruhig und gelassen. Hektik ist die Kehrseite geistiger Windstille. Verabschieden Sie sich von der Vorstellung, »dynamisch« sein zu müssen. Die Welt ist voll von dynamischen Idioten.

Auch eine »schlechte« Haltung ist nichts anderes als das direkte Resultat von schwachen Muskeln. Indem sich einzelne Muskeln schneller zurück- bzw. ausbilden als andere, ergeben sich unausgewogene Spannungsverhältnisse (Dysbalancen) und damit eine veränderte Haltung. Steigern Sie die Kraft der Muskeln, und Sie verbessern damit Ihre Haltung. Umgekehrt geht es nicht, obwohl dies überall und immer wieder versucht wird: Von der Grundschule bis zum Militär verlangt man »Haltung«. Wenn die Kraftverhältnisse geändert werden, ändert sich die Haltung von selbst, ohne dass sie extra eingeübt werden muss.

Entspannung ist nur eine halbe Sache

Ob in Zeitschriften oder im Freundeskreis, von allen Seiten kommt die Empfehlung: Entspanne dich! Doch offensichtlich ist dies gar nicht so einfach, sonst wären diese Aufforderungen ja überflüssig.

Unser Organismus befindet sich stets in einem von zwei Zuständen: dem Sympathikus oder dem Parasympathikus. Der Sympathikus ist der Arbeitszustand. »Eingeschaltet« durch das Zentrale Nervensystem, steuert er in unserem Körper eine Reihe von Vorgängen im Hinblick auf ein Ziel: Angriff oder Flucht. Die Blutmenge wandert von den inneren Organen nach außen, in die Muskeln. Die Verdauungsorgane stellen ihre Arbeit ein. Das Aktivitätshormon Adrenalin schießt ins Blut, die sinnliche Wahrnehmung (Wachsamkeit!) wird geschärft, innerhalb von Minuten ist der ganze Organismus »klar zum Gefecht«.

Dieser Zustand kostet viel Energie. Puls und Blutdruck steigen an, ebenso der Sauerstoffbedarf und der Umsatz des Stoffwechsels. Der Gegenpol dazu ist der Parasympathikus. Der Übergang vom Sympathikus in den Para-

Der Grad der Entspannung entspricht demjenigen der vorangegangenen Anspannung.

Krafttraining als Therapie

> **Der gesunde Mensch bewegt sich zwischen aktiven (Sympathikus) und passiven Phasen (Parasympathikus). Wird der natürliche Phasenwechsel durch äußere Einflüsse verhindert, reagiert der Körper mit Stresssymptomen.**

sympathikus erfolgt beim gesunden Menschen problemlos und schnell. Hunger stellt sich ein und der Wunsch nach Ruhe, das Blut kehrt von den äußeren Regionen in den Verdauungstrakt zurück, der Adrenalinspiegel sinkt, Müdigkeit macht sich breit.

Der Wechsel zwischen Sympathikus und Parasympathikus

Die beiden Zustände unseres Körpers unterscheiden sich signifikant voneinander. Man kann durchaus von einem »Doppelleben« sprechen. Auch unser seelisches Befinden wechselt mit den Phasen. Der Wechsel der Phasen spielt sich meist ohne unser direktes Zutun ab. Bei den Urmenschen war es wohl so, dass jede Phase ausgelebt wurde, bis sich die andere einschaltete. Durch das Leben in der modernen Zivilisation wird der natürliche Ablauf dieser Rhythmen stark erschwert. Trotzdem sollte man sie wenn möglich berücksichtigen, beispielsweise, indem man keine großen körperlichen Anstrengungen am frühen Morgen oder unmittelbar nach einer Mahlzeit auf sich nimmt.

Was oft als »Stress« bezeichnet wird, ist ein Schwebezustand zwischen diesen beiden Phasen. Man ist müde, kann aber nicht schlafen, man hat Hunger, verdaut aber schlecht, man fühlt sich »aufgekratzt«, ist aber nicht leistungsfähig. Diese Zweigleisigkeit ist ein Hinweis auf eine »Verwirrung« des zentralen Nervensystems. Der Mensch verharrt in einem halb angespannten Zustand der Muskulatur. Weder ist er – geistig wie körperlich – in voller Leistungsbereitschaft, noch kann er abschalten und sich entspannen. Solche Spannungszustände der Muskulatur, die nicht durch körperliche Arbeit abgebaut werden, führen über kurz oder lang zu Gesundheitsschäden. Die Empfehlung, sich doch mal zu entspannen, kann nicht greifen, weil die Voraussetzung, die richtige und vollständige Anspannung, fehlt. Entspannung ist nur in dem Maß möglich, wie ihr wirkliche Anspannung vorausgeht.

Trainieren sollte man in der Phase des Sympathikus.

Während der Nacht befindet sich der Körper in der Erholungsphase, die etwa eine Stunde nach dem Aufwachen ihren Abschluss findet.

Der Wechsel von der Parasympathikus- in die Sympathikusphase kann durch kurze Kälteeinwirkung (z.B. eine kalte Dusche), isometrische Übungen, eine leichte körperliche Tätigkeit oder auch über die Vorstellungs-

Dysbalancen – ein lösbares Problem

kraft (lassen Sie z.B. eine Trainingssituation vor dem inneren Auge ablaufen) beschleunigt werden. Die Parasympathikusphase lässt sich durch Wärmeeinwirkung (Sauna, warme Bäder), körperliche Ruhe oder entsprechende Vorstellungen (beispielsweise »Schäfchen zählen« vor dem Einschlafen) fördern.

Hohe Muskelanspannungen, wie sie Kieser Training fordert, stellen den einen Endpunkt einer Skala dar, der Tiefschlaf den anderen. Dabei ist zu beachten: Umfang und Tiefe der Erholungsphase sind weitgehend von der vorangegangenen Arbeitsphase abhängig. Nach kurzen, intensiven Anspannungen können Sie sich entsprechend gut erholen. Umgekehrt funktioniert das jedoch nicht – »vorzuschlafen« ist unmöglich! Dieser Sachverhalt wird gerne umgekehrt dargestellt. Doch die Aufforderung »entspannen Sie sich!« ist ein innerer Widerspruch. Das Paradoxon wird noch deutlicher, wenn von »aktiver Entspannung« die Rede ist. Nur Anspannung ist »aktiv«; Entspannung ist immer passiv, ist Reaktion.

In den Kieser Training-Betrieben finden Sie keine »Entspannungszonen«, weil Sie gezielt zum Training hierher kommen. Entspannen können Sie sich anderswo. Und: Wer wirklich müde ist, gehört ins Bett.

Dysbalancen – ein lösbares Problem

Muskeln haben unterschiedliche Kräfte. Da sie aber stets im Verbund arbeiten, ist das Verhältnis dieser Kräfte untereinander von Bedeutung. Stellen Sie sich eine Hängebrücke vor, bei der die Länge einzelner Seile aus irgendeinem Grund verändert würde. Damit würden die Zugverhältnisse verändert. Je nach Größe dieser Veränderung wäre die Brücke nicht mehr befahrbar oder würde gar einstürzen. Eine diesen Seilen vergleichbare Bedeutung für das Skelett haben die Muskeln.

Wenn ein einzelner Muskel stärker wird – etwa durch eine spezifische Belastung im Beruf oder im Sport – hat dies Auswirkungen auf alle anderen Muskeln.

Dies bedeutet, dass die Kraft eines Muskels in einem bestimmten Verhältnis zu den Kräften der anderen Muskeln stehen muss. Ist dies nicht der Fall, spricht man von einer Dysbalance, also von einem Ungleichgewicht der Kräfte. Dysbalancen sind die offensichtliche oder auch versteckte Ur-

Ist das Kräftegleichgewicht der einzelnen Muskeln bei einer Bewegung unausgeglichen, spricht man von Dysbalancen. Sie sind Ursache verschiedener Beschwerden des Bewegungsapparats.

Krafttraining als Therapie

sache vieler Beschwerden des Bewegungsapparats, aber auch die Ursache von Fehlhaltungen und, insbesondere im Sport, einer höheren Verletzungsanfälligkeit.

Dysbalance der Antagonisten

Das Funktionsprinzip unseres Bewegungsapparates ist simpel: Zug und Gegenzug. Zwei Knochen sind durch ein Gelenk verbunden. Das Gelenk wird von zwei einander gegenüberliegenden Muskeln überzogen, die an den Knochen befestigt sind. Zieht sich nun der eine Muskel zusammen, verändert dies die Stellung der Knochen zueinander, und der gegenüberliegende Muskel (Antagonist) wird gedehnt. So kommt Bewegung zu Stande. Diese beiden Muskeln verfügen wie alle Muskeln über eine bestimmte Kraft. Starke Muskeln haben eine höhere Ruhespannung als schwache. Ist das Kraftverhältnis der beiden Muskeln unausgewogen, liegt eine so genannte Dysbalance vor: Der eine Muskel »zieht« in der Ruhestellung mehr in seine Richtung als der andere. In der Folge »verkürzt« sich der starke allmählich, während der schwache »überdehnt« wird.

Üblicherweise werden diese Dysbalancen korrigiert, indem der »verkürzte« Muskel gedehnt wird. So lange, bis er genauso schwach ist wie sein Antagonist. Das ist eine Korrektur nach unten, also Nivellierung. Besser wäre es jedoch, nach oben zu korrigieren, d.h. beide Muskeln zu kräftigen, bis sich die Kraft nicht mehr steigern lässt. Der schwache holt schnell auf; der starke hat ohnehin ein geringeres Zuwachspotenzial. Je näher beide an ihr genetisches Potenzial kommen, desto ausgeglichener wird ihr Kraftverhältnis.

Dysbalancen in der Muskelschlinge

Eine Bewegung ist im Normalfall das Resultat der Zusammenarbeit mehrerer Muskeln, so genannter Muskelschlingen.

Wenn Sie in die Hocke gehen, arbeiten die Gesäßmuskeln, die Oberschenkelmuskeln und die Wadenmuskeln im Verbund, eben als »Schlinge«, oft auch als »Kette« bezeichnet. Ist Ihr Oberschenkelmuskel relativ schwach, liegt eine Dysbalance in der Muskelschlinge vor. Der Fachmann erkennt dies daran, wie Sie in die Hocke gehen: Sie werden die Bewegung so ausführen, dass die starken Muskeln in der Schlinge den schwachen Muskel

---

Dysbalancen entstehen durch Belastungen im Alltag, körperliche Arbeit und beim Sport. Mit Krafttraining wird das natürliche Gleichgewicht wieder hergestellt.

Dysbalancen – ein lösbares Problem

entlasten. Um die Dysbalance in der Muskelschlinge zu korrigieren, gilt es, den schwachen Muskel möglichst isoliert aufzutrainieren, sodass er die Belastung nicht auf die anderen Muskeln »abschieben« kann.

Dysbalance im Muskel selbst

Die intramuskuläre Dysbalance, d.h. das Ungleichgewicht der Kräfte eines Muskels in den verschiedenen Gelenkwinkeln, ist in der Fachwelt noch weitgehend unbekannt, weil die Messinstrumente dafür erst seit kurzem existieren. Trotzdem ist dies mit Sicherheit die verbreitetste Form muskulären Ungleichgewichts.

Wenn Sie Ihren Arm im Ellbogengelenk beugen, verkürzt sich Ihr Bizeps. Die unterschiedlichen Gelenkwinkel im Laufe dieser Bewegung führen zu unterschiedlichen Muskellängen. Die Kraft des Bizeps ist in den unterschiedlichen Längen ebenfalls unterschiedlich. Wenn wir die Kraft in mehreren Winkelpositionen messen, erhalten wir Werte, die wir als Balkendiagramm oder Kurve aufzeichnen können. Der Verlauf einer solchen »Kraft«-Kurve lässt Rückschlüsse auf die Alltagsbelastung dieses Muskels zu. Denn die Muskeln gewinnen streng genommen nur in jener Länge an Kraft, in der sie belastet werden. Oder umgekehrt: Muskeln werden in den Längenbereichen schwach, in denen sie nicht belastet werden.

Die Kieser Training-Betriebe verfügen über Maschinen, mit denen man diese Kurven messen kann; mithilfe von Standardwerten werden die Abweichungen von der Norm bestimmt. Dabei wurde festgestellt, dass bei starken Abweichungen von der Norm typische Beschwerden vorhanden sind.

Die Korrektur dieser Dysbalancen erfolgt, indem die Muskeln an Maschinen mit angepasstem Belastungsverlauf trainiert werden, bis die Norm wieder hergestellt ist. Das dauert in der Regel nur wenige Wochen.

> In den Kieser Training-Betrieben können Sie mithilfe spezieller Geräte feststellen, inwieweit Ihre Kraft-Kurven von der Norm abweichen.

Volkskrankheit Osteoporose

Vorgeschobene Halswirbelsäule, krummer Rücken, spitze Nase, spitzes Kinn, wackliger Gang – im Extremfall gleicht das Krankheitsbild der Osteoporose der Hexe aus Grimms Märchen. Was aber ist Osteoporose?

Das Skelett ist mit ca. 18 Jahren ausgewachsen. Damit beginnt bereits der langsame Abbau, wenn nicht durch entsprechende Lebensführung gegen-

Krafttraining als Therapie

> **Krafttraining ist im Verbund mit anderen Maßnahmen einer der wichtigsten Faktoren zur Vorbeugung gegen Osteoporose.**

gesteuert wird. Wer an Osteoporose leidet, hat ein höheres Risiko für Knochenbrüche. Hier zu Lande zeigen etwa zwölf Prozent der Bevölkerung Symptome von Knochenschwund. Laut Statistik sterben in den USA mehr Frauen an den Folgen von Oberschenkelhalsbrüchen als an Brust- und Gebärmutterkrebs zusammen. Wie schnell dieser Verlust selbst bei jungen Menschen vor sich geht, wenn die Muskeln und damit auch die Knochen keinen Widerständen ausgesetzt sind, zeigen die Erfahrungen in der bemannten Raumfahrt, als deren physiologisches Hauptproblem sich die fehlende Erdanziehung im Raum herausstellte. Der Verlust an Knochenmasse trifft Männer und Frauen. Dass Frauen generell stärker von der Osteoporose betroffen sind, hängt mit den Veränderungen ihres Hormonhaushaltes in den Wechseljahren zusammen. Etwa ab 45 reduzieren die Eierstöcke ihre Tätigkeit. Dadurch wird weniger Östrogen, das weibliche Sexualhormon, produziert, was den Knochenabbau fördert. Deshalb gilt die Einnahme von Hormonpräparaten nach der Menopause als sinnvoll.

Als Osteoporose-Risiken gelten:

1. familiär (genetisch) bedingte Disposition
2. kurze Fruchtbarkeitszeit
3. ernährungsbedingte Mängel, z.B. Mangel an Kalzium, Magnesium und Vitamin D, Essstörungen wie Bulimie und Anorexie
4. Mangel an muskulärer Anstrengung
5. Rauchen, übermäßiger Alkohol- und Koffeingenuss, übermäßiger Konsum von kohlensäurehaltigen Getränken

Eine genetische Disposition liegt bei Frauen mit grazilem Körperbau und heller Haut vor. Afrikaner und Afroamerikaner leiden seltener an Osteoporose. Es sind somit lediglich die Risiken 3, 4 und 5, die Sie direkt beeinflussen können.

Wirksame Maßnahmen zur Osteoporoseprävention:

- Periodische Erstellung des Hormonstatus durch den Arzt (ab ca. 40 Jahren)
- Ausgewogene Ernährung und ausreichend (nicht übermäßig) Sonne zur Bildung von Vitamin D
- **Krafttraining**
- Nikotinabstinenz, Vermeiden von Alkoholexzessen und übermäßigem Konsum von Alkohol und kohlensäurehaltigen Getränken

Beckenbodentraining

Die pauschale Empfehlung, »Sport« zu treiben, ist dabei wenig hilfreich. Ausdauertraining ist zwar sinnvoll, im Übermaß baut es jedoch nicht nur die Muskeln ab, sondern ebenfalls Knochensubstanz, da der Körper offenbar bei sehr lang andauerndem hohem Energiebedarf beginnt, die eigene Substanz zur Energiegewinnung zu nutzen. Dass Krafttraining nicht nur die Knochen erhält, sondern darüber hinaus neue Substanz bildet, dürfte nicht überraschen: Die Knochen reagieren auf Spannung genauso wie die Muskeln – wenn auch langsamer – mit Aufbau.

Beckenbodentraining

Eine besondere Rolle für die Lebensqualität der Frau spielt die Beckenbodenmuskulatur. Nach der Entbindung sowie während und nach der Menopause treten oft urogenitale Beschwerden wie Blasenschwäche, Inkontinenz und Beschwerden beim Geschlechtsverkehr auf. Manche Frauen halten diese Probleme für unvermeidlich und unlösbar. Doch das stimmt nicht: Das Training der Beckenbodenmuskulatur kann diesen Beschwerden vorbeugen und bestehende Probleme erfolgreich bekämpfen.

Die Beckenbodenmuskulatur schließt den Beckenausgang und stützt die Bauchorgane. Wird sie durch Geburt, Bindegewebsschwäche oder ein Hormondefizit geschwächt, kann sie diese Funktionen nicht mehr zuverlässig erfüllen. Eine schwache Beckenbodenmuskulatur gilt als Hauptursache von Inkontinenz.

Die Beckenbodenmuskulatur ist – wie auch die übrige Skelettmuskulatur – unserem Willen zugänglich. Mit etwas Übung können wir lernen, diese Muskeln willentlich anzuspannen und zu entspannen. Durch die Kontraktion der Beckenbodenmuskulatur wird der Darmausgang verschlossen und die Harnröhre sowie die Vagina werden bis zur Undurchlässigkeit verengt. Ein direktes Training der Beckenbodenmuskulatur ist nur isometrisch möglich, also durch bewusstes Anspannen.

Und das ist leicht zu erlernen: Setzen Sie sich aufrecht auf einen Stuhl. Stellen Sie sich vor, dass Sie Wasser lassen und nun den Strahl unterbrechen wollen. Versuchen Sie, diese Spannung zu steigern und ca. sechs Sekunden lang beizubehalten. Dazu benötigen Sie keine Uhr, sondern zählen langsam »einundzwanzig, zweiundzwanzig ... sechsundzwanzig«.

> **Nach der Menopause leiden rund 30 Prozent aller Frauen unter Osteoporose. Bei jeder vierten Frau über 60 haben sich die Wirbel bereits verformt.**

Krafttraining als Therapie

Wiederholen Sie die Übung fünfmal, mit einer Pause von mindestens zehn Sekunden dazwischen. In der ersten Woche führen Sie diese Übung täglich durch, danach zweimal pro Woche. Wenn Sie sich während der Übung leicht nach vorne neigen, wirken Sie mehr auf die Muskulatur der Scheide und der Harnröhre ein, neigen Sie sich leicht nach hinten, mehr auf die Afterregion. Mit der Zeit lernen Sie, die einzelnen Muskelbereiche unabhängig voneinander anzuspannen.

Eine schwache Beckenbodenmuskulatur kann zahlreiche Beschwerden wie Blasenschwäche, Inkontinenz und Beschwerden beim Geschlechtsverkehr zur Folge haben.

Kieser Training für die Beckenbodenmuskulatur

Es gibt bis heute keine Trainingsgeräte, mit denen die Beckenbodenmuskulatur direkt trainiert werden kann. Jedoch können diese Muskeln in Synergie mit den übrigen Muskeln des Unterkörpers an den Maschinen trainiert werden. Besonders geeignet sind dafür die Geräte A1, A3, A4, B6 und F3. Bei diesen Übungen sollten Sie in der Kontraktionsphase, also, wenn sich das Gewicht nach oben bewegt, ausatmen und die Beckenbodenmuskulatur gleichzeitig mit der Zielmuskulatur dieser Übung anspannen. Die genauen Übungsbeschreibungen finden Sie ab Seite 72ff.

Sollten Sie mit dem selbstständigen Einüben Mühe haben, ist ein Einführungskurs für Beckenbodentraining zu empfehlen. Geeignete Trainerinnen finden Sie im Branchenbuch oder im Internet.

Die Bedeutung der Beckenbodenmuskulatur und die Tatsache, dass es für deren Training keine geeigneten Maschinen gibt, hat mich veranlasst, eine Maschine (F4) zum Training der Bauchmuskulatur zu entwickeln, die gleichzeitig ein Training der Beckenbodenmuskeln ermöglicht. Die Übung besteht in einer Beugung der Lendenwirbelsäule durch Kontraktion des geraden Bauchmuskels unter gleichzeitiger Kontraktion der Beckenbodenmuskulatur. Die Maschine befindet sich noch im Teststadium und ist deshalb im Übungsteil noch nicht aufgeführt.

Alt und schwach – muss das sein?

Sobald Sie Muskelkraft aufbauen, verändern sich Ihre physischen Daseinsbedingungen radikal zu Ihren Gunsten. Ihr Alter spielt dabei keine Rolle. In der Jugend überwiegen die Aufbauprozesse, wir wachsen; im Alter überwiegen die Abbauprozesse. Eine Forschungsarbeit aus dem Jahre

Alt und schwach – muss das sein?

1964 befasste sich mit der maximalen Muskelkraft des Menschen im Laufe seines Lebens. Die Untersuchung wies nach, dass die Kraft der Muskeln in der Pubertät steil ansteigt und ihr Maximum etwa im 24. Lebensjahr erreicht. Ab Mitte Zwanzig geht es laut dieser Statistik nur noch bergab. Mit 70 hat der Mensch schließlich nur noch die Hälfte seiner früheren Kräfte. Bis vor kurzem glaubte man, diesen Prozess nicht beeinflussen zu können. 1990 erschien die erste von vielen Studien, die zeigte, dass man diesen Zerfallsprozess sehr wohl und sogar in beträchtlichem Maße beeinflussen kann. Eine Gruppe von 86- bis 96-Jährigen absolvierte dabei ein Kraftprogramm für die Oberschenkelmuskulatur. Innerhalb von acht Wochen erzielten diese alten Leute einen durchschnittlichen Kraftgewinn von 171 Prozent. Sie legten 9 Prozent an Muskelmasse zu und erhöhten ihre Gehgeschwindigkeit um 50 Prozent.

Je trainierter Sie sind, desto mehr Kraft steht Ihnen pro Kilogramm Körpergewicht zur Verfügung. Denn es ist allein die Kraft Ihrer Muskeln, die Ihren Körper trägt und Bewegung überhaupt möglich macht. Die Muskeln machen etwa ein Drittel Ihres Körpergewichts aus; sie tragen die restlichen zwei Drittel. Wenn Sie nur einige Kilo Fett ansetzen, muten Sie Ihren Muskeln und Gelenken schon bald drei Viertel Ihres Körpergewichts zu. Sorgen Sie dafür, dass der Muskelanteil im Verhältnis zum Rest größer wird. Damit Ihr Alter kein »schweres«, sondern eben ein leichtes wird, lohnt es sich, den Bewegungsapparat stark zu erhalten.

> Wer sich im Alter zunehmend schont, lässt seine Muskeln verkümmern und wird immer schwächer. Mit Krafttraining können gerade ältere Menschen ein Stück »jugendliche Leichtigkeit« zurückgewinnen.

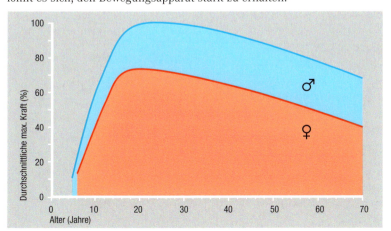

Trendverhalten der maximalen statischen Muskelkraft bei Männern und Frauen im Laufe des Lebens (nach Hollmann & Hettinger)

Trainingspraxis

Alle Trainingsmaschinen in den Kieser Training-Betrieben sind so konzipiert, dass praktisch kein falscher Bewegungsablauf möglich ist und das Verletzungsriskiso gegen Null tendiert. Dennoch gilt es, einige Grundregeln zu beachten.

Krafttraining: wie viel und wie oft?

Warum reagiert der Körper überhaupt auf einen Trainingsreiz? Offensichtlich handelt es sich hier um eine Anpassung an höhere Anforderungen. Unklar ist hingegen, warum die Reaktion »überschießend«, d.h. über das Nötige hinaus gehen muss. Blutspender wissen, dass zwischen den Blutentnahmen eine gewisse Zeitspanne liegen muss, damit neues Blut gebildet werden kann. Wird aber plötzlich viel Blut verloren, z.B. bei einem Unfall, stellt sich das eigenartige Phänomen ein, dass danach mehr Blut gebildet wird, als jemals vorhanden war. Auch an einem längst verheilten Knochenbruch bleiben die Bruchstellen noch viele Jahre verdickt. Wie beim großen Blutverlust wird hier »zu viel des Guten« getan, d.h. es wird mehr Gewebe aufgebaut, als nötig ist. Etwa so, als wolle die Natur für künftige, womöglich noch höhere Ansprüche vorsorgen.

Das richtige Maß finden

Ein ähnlicher Mechanismus liegt offensichtlich dem Trainingseffekt zugrunde. Eine bestimmte Reizstärke ist notwendig, damit eine Reaktion erfolgt. Solange das Krafttraining lediglich der Verbesserung von sportlichen Leistungen diente, machte man sich wenig Gedanken über die Dosierung. Lange galt die Überzeugung: je mehr, desto besser. Mit der sehr viel heikleren therapeutischen Anwendung und der damit verbundenen Protokollierung wurde jedoch offensichtlich: Zu wenig Training nützt nichts, zu viel schadet. Die Bandbreite erwies sich als schmaler als zuvor angenommen.

Trainieren Sie zu oft, d.h. zu schnell hintereinander, erreichen Sie einen negativen Trainingseffekt: Sie bauen Muskeln ab und werden schwach. Dieser Abbau (Katabolismus) greift auf den ganzen Körper über, insbesondere aber auf das Immunsystem. Unser Körper braucht nach dem Training Zeit für den Aufbau. Daher sollen Sie nicht mehr als ein- bis zweimal pro Woche trainieren.

Das gleiche gilt für den Umfang des einzelnen Trainings. Zu viele Übungen reduzieren den Effekt. In der Praxis hat sich ein Programm aus 6–10 Übungen als angemessen erwiesen. Wichtig ist es dabei, die großen Muskeln zu erfassen, also Gesäß-, Oberschenkel- und Rückenmuskulatur. Die kleineren Muskeln profitieren automatisch, wenn die großen trainiert

> **Zwischen den Trainingseinheiten braucht der Körper Zeit zur Regeneration. Zweimal die Woche sind deshalb das Maximum. Wenn Sie häufiger trainieren, bauen Sie Muskeln ab und schädigen das Immunsystem.**

Trainingspraxis

werden, jedoch nicht umgekehrt (siehe Seite 155). Der Effekt ist vergleichbar mit einem Stein, den Sie ins Wasser werfen; je größer der Stein, desto weiter breiten sich die Wellen aus.

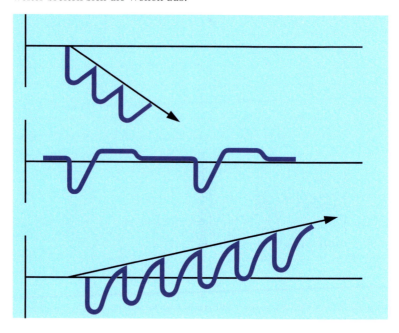

Zu kurze Intervalle bewirken ein rasches Abfallen der Kraft.

Zu lange Intervalle bewirken die Rückbildung des Trainingsgewinnes vor dem nächsten Training.

Beim korrekten Intervall addieren sich die Trainingsgewinne.

Ist die Muskelspannung ausreichend groß, wird eine so genannte Reizschwelle überschritten, und Kraftwachstum ist die Folge. Wird diese Schwelle mehrmals hintereinander in derselben Trainingseinheit überschritten, bringt dies nicht etwa ein »Mehr« an Kraftzuwachs. Vielmehr wird das Nervensystem unnötig belastet. Obwohl diese Tatsache seit über 30 Jahren aus vielen Forschungsarbeiten eindeutig hervorgeht, verordnen viele Trainer noch immer das so genannte »Mehrsatz-Training«, bei dem eine Übung mehrmals wiederholt wird.

Hier wurde offenbar Grundsätzliches nicht verstanden, und das leider von Leuten, die durch ihre Funktion den entstehenden Schaden multiplizieren. Zum Glück ist die Natur geduldig und manchmal sogar gutmütig. Wer eine Übung richtig durchführt, ist gar nicht in der Lage, sie unmittelbar danach in derselben Intensität zu wiederholen.

Krafttraining: wie viel und wie oft?

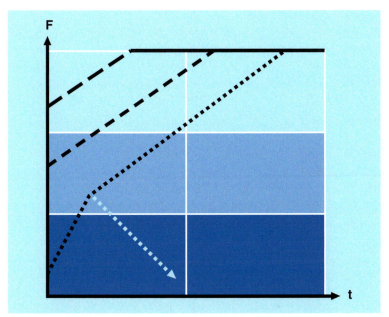

Die 3 Zonen verdeutlichen, von unten nach oben, den Zustand der Abhängigkeit, Autonomie und Souveränität, der durch das jeweilige Kraftniveau bedingt ist. Die Kurven beschreiben im zeitlichen Verlauf (t) die Verbesserung der Maximalkraft (f) bei regelmäßigem, korrektem Training bis zur Erreichung der genetisch festgelegten Grenzkraft. Ist das Kraftniveau zu Beginn des Trainings sehr tief, ist mit einem schnellen Trainingserfolg zu rechnen, der jedoch bei Abbruch des Trainings rasch verloren geht.

Wenn Sie mit dem Krafttraining beginnen, liegt Ihre Muskelkraft irgendwo zwischen »sehr schwach« und »Grenzkraft«, d.h. maximal möglicher Trainiertheit. Sind Sie sehr schwach – insbesondere am Rücken und im Nacken –, ist Ihre Gesundheit gefährdet. Dann sollten Sie ein Training unter ärztlicher Überwachung in Anspruch nehmen, bis Sie ohne Risiko selbstständig trainieren können. Konventionelle Therapiekonzepte haben zum Ziel, das Individuum wieder arbeits- und steuerfähig zu machen. Kieser Training geht darüber hinaus. Schmerzfreiheit ist lediglich eine Zwischenstation. Es geht darum, eine Kraftreserve aufzubauen, sonst stellen sich die Beschwerden früher oder später wieder ein.

Trainingspraxis

Training nach Zeit

Zu empfehlen ist das Training nach der Uhr. Eine Armbanduhr mit gut sichtbarem Sekundenzeiger hat sich dafür als die praktischste Lösung herausgestellt. Gegenüber dem konventionellen Zählen der Wiederholungen hat das Training nach Zeit einen großen Vorteil: Sie können sich auf die korrekte Ausführung konzentrieren, und Sie machen sich nichts vor.

Starten Sie die Übung, wenn der Sekundenzeiger auf zwölf Uhr steht. Achten Sie dann nicht mehr auf die Uhr, sondern konzentrieren Sie sich auf die Muskeln, die Sie gerade trainieren. Versuchen Sie einfach, so lange wie möglich durchzuhalten. Sie vermeiden damit das unvermeidliche Streben, möglichst viele Wiederholungen zu schaffen. Dies führt unweigerlich zu einer Vernachlässigung des Ausführungsstils und damit zu einem mangelhaften Trainingseffekt.

> **Es kommt nicht darauf an, möglichst viele Wiederholungen in möglichst kurzer Zeit zu absolvieren. Dies hat meist zur Folge, dass die Übungen unsauber ausgeführt werden.**

Trainieren Sie stets langsam: etwa vier Sekunden für die Kontraktionsphase (das Heben des Gewichts), zwei Sekunden Pause in der vollständig kontrahierten Position, vier Sekunden für die Extensionsphase (das Herunterlassen des Gewichts). Eine ganze Wiederholung dauert somit etwa zehn Sekunden, sechs Wiederholungen etwa eine Minute. Sie dürfen gerne langsamer trainieren, aber nicht schneller.

Wenn Sie Ihr Training aufnehmen, hat fast jeder Widerstand einen Trainingseffekt. Trotzdem sollten Sie sich von Anfang an an eine gewisse Zeitspanne gewöhnen, während der Sie die Muskeln der Spannung aussetzen.

Die richtige Motivation

Da dem Kieser Training jede spielerische oder wettkampforientierte Komponente abgeht, hält die so genannte extrinsische Motivation nicht lange vor. Kieser Training lebt von der Einsicht in seine Notwendigkeit. Eine Werbung mit dem Argument, dass es »Spaß macht«, hätte einen Bumerang-Effekt, weil ein solches Versprechen falsche Erwartungen wecken würde. Dennoch gehen die meisten gerne zum Training, weil es Befriedigung oder Zufriedenheit auslöst. Das ist aber etwas anderes als »Spaß«.

Die richtige Motivation

Um die Einsicht in die Notwendigkeit zu schaffen und so die Motivation für ein regelmäßiges Training wach zu halten, ist die Kenntnis trainingsphysiologischer Zusammenhänge unverzichtbar.

Erst wenn Sie wissen, was Sie tun und warum es sinnvoll ist, es so und nicht anders zu tun, sind Sie mit Herz und Verstand dabei.

Die ersten 12 Trainingseinheiten sind nicht sonderlich anstrengend, denn sie steigern nicht primär die Kraft, sondern korrigieren vor allem Ihre Kraftkurven und stellen Ihre Beweglichkeit wieder in vollem Ausmaß her. Sie können davon ausgehen, dass Ihre Kraftkurven (siehe Seite 32f.) in den meisten Bewegungsfunktionen nicht so verlaufen, wie sie sollten. Sie sind das Resultat der stets einseitigen Anforderungen des Alltags. Und auch alle Sportarten, ja alle körperlichen Anstrengungen (mit Ausnahme des Kieser Trainings) beanspruchen und »trainieren« die Muskeln nur in bestimmten Teilabschnitten.

So kommt es, dass die Kraftkurven völlig untrainierter, schwacher Menschen dem Ideal einer harmonischen Kraftkurve näher kommen als die von Athleten oder Schwerarbeitern.

In den ersten vier bis sechs Wochen wird Ihr Trainingsprogramm diese Abweichungen weitgehend korrigieren und die Kurven auf ihren Sollverlauf bringen. Achten Sie auf Ihren Übungsstil, auf saubere, langsame Bewegungen. Sauber bedeutet, dass die Bewegung vollständig, von der Extension bis in die Kontraktion in gleichmäßigem Tempo ausgeführt und dass die volle Kontraktion mindestens eine Sekunde lang aufrechterhalten wird. Diese Position ist deshalb besonders wichtig, weil hier die Rückbildung der Muskulatur ihren Anfang nimmt. Sie werden bald ein Gefühl für den Belastungsverlauf entwickeln. In den ersten Wochen ist es nicht nötig, an die Grenze der Belastbarkeit zu gehen, zumal die Trainierbarkeit am Anfang sehr hoch ist.

Sobald Sie allmählich bei allen Übungen des Grundprogramms das Gefühl haben, dass die Bewegungen »weich« verlaufen, d.h. keine »Spitzen« mehr aufweisen, war die Korrektur erfolgreich, und Sie können Ihre Belastungsgrenzen erkunden.

Seien Sie sich immer bewusst: Der einzige Grund, die Übungen als Bewegung auszuführen, liegt darin, dass der Muskel in allen Winkeln der Bewegung Spannung ausgesetzt werden soll.

> **Kieser Training hat weder einen hohen Spaß-Faktor noch bietet es viel Abwechslung. Weil sie sich mit der Zeit fitter und wohler fühlen, bleiben die meisten Kundinnen trotzdem motiviert.**

Trainingspraxis

Muss man »nach Programm« trainieren?

Wo bleibt da die kreative Freiheit? Gibt es nicht eine Art »innerer Weisheit«? Weiß mein Körper nicht, was er hier und jetzt braucht?

Die Antwort lautet: Nein, das weiß er leider nicht, und mit seiner Weisheit ist es auch nicht weit her. Es scheint eher so zu sein, dass uns im Laufe der Evolution einiges an Wissen abhanden gekommen ist, über das unsere tierischen Verwandten noch verfügen. Ein gutes Beispiel ist das Durstgefühl. Wir alle trinken zu wenig Wasser, wenn wir uns lediglich an das Durstgefühl halten. Wie beim Durstgefühl können wir uns auch beim Training nicht auf unser Gefühl verlassen.

Kognitive Erfahrung des Körpers

Natürlich entwickeln wir mit zunehmender Trainingserfahrung eine genauere Kenntnis über die Reaktionen unseres Körpers und »spüren« vieles, das wir untrainiert gar nicht wahrgenommen hätten. Doch ist dies eine kognitive Erfahrung und nicht instinktives Wissen, wie es die Tiere haben.

Leider hat unser Körper die eher fatale Neigung, Stärken auszubauen, um Schwächen zu kompensieren. Diese Strategie kann buchstäblich in die Schieflage führen. Wenn beispielsweise nach einer Operation die Muskeln Ihres linken Beines geschwächt sind, werden Sie beim Gehen, Stehen und Laufen unbewusst und automatisch das starke Bein belasten und das schwache schonen. In der Folge wird das starke Bein noch stärker und das schwache noch schwächer. Das Ungleichgewicht der Kräfte vergrößert sich. Schließlich entwickelt das Zentralnervensystem neue Bewegungsmuster, die diesem Ungleichgewicht Rechnung tragen: Sie werden immer eleganter hinken, aber Sie hinken dennoch.

Halten Sie sich also stur an das vorgegebene Programm, es sei denn, es gibt zwingende Gründe, die eine Änderung erforderlich machen. Wenn Sie das gleiche Programm viele Male durchgeführt haben, entwickelt sich die oben beschriebene kognitive Wahrnehmung:

So haben Sie einen gleichbleibenden Parameter, an dem Sie die unterschiedlichen Reaktionen Ihres Körpers messen können. Der Einstieg ist dann gelungen, wenn Sie sich von Training zu Training besser fühlen und

> **Trainieren Sie stets nach Programm. Durch die Wiederholung der immer gleichen Übungen nehmen Sie mit der Zeit Reaktionen Ihres Körpers genauer wahr, die Ihnen bei ständig wechselnden Geräten nicht auffallen würden.**

Trainingsplanung

den Drang verspüren, in jeder Beziehung (also nicht nur im Training) zu größeren Taten schreiten zu wollen.

Die Spannungshöhe begrenzt die Spannungsdauer und umgekehrt. Das ist einleuchtend, zumindest in der Theorie. In der Praxis handeln wir oft so, als hielten wir das eine für das andere. Mehr Training ist nicht besseres Training. Im Gegenteil. Der Umfang eines Trainingsprogrammes ist gewissermaßen ein unvermeidliches Übel, bedingt durch die Vielzahl der Muskeln, die unseren Bewegungsapparat ausmachen und die alle trainiert werden müssen.

Diesen Aufwand gilt es klein zu halten – so klein wie möglich, so groß wie nötig. Überschreitet der Trainingsumfang nämlich einen bestimmten Rahmen, reduziert sich der Trainingseffekt auf Null oder weniger. Die Reserven des Organismus werden angegriffen, das Immunsystem leidet.

> **Ein einmal aufgestelltes Programm kann über lange Zeit unverändert beibehalten werden. Den Trainingseffekt bringt nicht ein häufiger Programmwechsel, sondern die kontinuierliche und kontrollierte Steigerung der Belastung.**

Trainingsplanung

Der Trainingsplan sollte einfach sein. Ein zu detailliertes und überfrachtetes Formular lenkt ab. Folgende Daten sollten von jedem Training protokolliert werden bzw. ersichtlich sein:

- Datum
- Bezeichnung der Übung bzw. des Gerätes
- Maschineneinstellungen (Sitzhöhe, Lehnenposition etc.)
- Verwendetes Gewicht
- Dauer der Belastung bei jeder Übung

Das Trainingsprogramm legt die Übungen und deren Abfolge fest. Es sollte ohne Änderungen mindestens sechs Wochen beibehalten werden. Ein Trainingsprogramm ist kein Unterhaltungsprogramm und sollte nicht darauf ausgerichtet sein, Abwechslung zu bieten oder Spaß zu machen. Es ist ein Hilfsmittel, um mit dem geringsten energetischen und zeitlichen Aufwand das gewünschte Resultat zu erzielen. Zehn Übungen stellen das Maximum an Trainingsumfang dar.

Welches Programm ist nun das »richtige«? Die Variationsbreite ist nicht allzu groß. Zwar kann Ihr Trainer Schwerpunkte setzen, doch sollten im Programm stets Übungen für die wichtigen großen Muskelgruppen enthalten sein.

Trainingspraxis

Die Kraft erhalten

Ist die Grenzkraft (siehe auch Seite 159) bei den Hauptmuskelgruppen erreicht oder finden Sie irgendwann, dass Sie Ihre Kraft und damit natürlich auch Ihr Muskelgewebe nicht mehr weiter entwickeln wollen, brechen für Sie unbeschwerte Zeiten an. Die Erhaltung der Kraft ist im Vergleich zu ihrer Entwicklung ein Kinderspiel. Dazu ist nur wenig Aufwand notwendig. Die Übungen müssen nicht mehr bis zur Erschöpfung ausgeführt werden. Ein Training alle zwei Wochen reicht aus, um Ihr Kraftniveau zu erhalten. Ein Beispiel soll dies erläutern. Nehmen wir an, Sie haben die Grenzkraft für Ihre Oberschenkelmuskeln erreicht und schaffen bei der Übung »Beinstrecken im Sitzen« (B1 Leg Extension, siehe Seite 80) in der Standardausführung 200 Pfund in 90 Sekunden, also etwa acht Wiederholungen. Zur Erhaltung dieser Kraft reicht es, wenn Sie diese Übung einmal alle zwei Wochen mit gleichem Widerstand – eben 200 Pfund – jedoch *nur 60 Sekunden* trainieren. Die Maximalanstrengung der letzten Sekunden fällt also weg. Eine weitere Methode der Erhaltung besteht darin, dass Sie nicht die Dauer der Übung, sondern den Widerstand um etwa ein Drittel reduzieren. Im obigen Beispiel von 200 Pfund würde dies einem Gewicht von ca. 132 Pfund während 90 Sekunden entsprechen.

Um sicherzugehen, dass Ihr Kraftniveau unverändert ist, sollten Sie bei beiden Varianten etwa alle acht Wochen prüfen, ob Sie das Maximum von 90 Sekunden noch immer schaffen.

> **Dass Sie das Trainingsgewicht nicht mehr steigern können, heißt nicht zwangsläufig, dass Sie Ihr Leistungspotenzial ausgeschöpft haben. Ursachen für einen Stillstand sind häufig Schlafmangel, Stress oder Übertraining.**

Weniger ist mehr

Ihr Trainingsfortschritt kann aber auch stagnieren, lange bevor Sie die Grenzkraft erreicht haben. Dafür gibt es zahlreiche Gründe: psychische Probleme, Überarbeitung im Beruf, Schlafmangel, Ernährungsdefizite oder ein zu großer Trainingsumfang. Der letzte Punkt ist der häufigste Grund. Die natürliche Reaktion bei einem Fortschritts-Stillstand lautet: Ich muss mehr trainieren! In den meisten Fällen trifft jedoch das Gegenteil zu: Weniger, aber intensiver! Das Training bedeutet jedesmal einen mehr oder weniger großen Stress für das Nervensystem.

Diese Irritation zeigt sich in leichten Koordinationsstörungen und »Zittern« unmittelbar nach dem Training. Je mehr Sie sich im Laufe des Auf-

Weniger ist mehr

bauprozesses der Grenzkraft nähern, um so mehr gerät Ihr Training zu einer Gratwanderung: Zu wenig Intensität bringt keinen Zuwachs, zu viel schlägt in Übertraining mit folgendem Kraft-/Gewebe-Verlust um.
Je trainierter der Muskel ist, um so seltener sollte er trainiert werden.

Eine Faustregel:
- In den ersten sechs Wochen (Korrekturphase): zwei- bis dreimal pro Woche, 10 Übungen
- Bis zur Verdoppelung der Ausgangskraft: ein- bis zweimal pro Woche, 10 Übungen
- Bis zur Erreichung der Grenzkraft: einmal pro Woche, 8–10 Übungen
- Nach Erreichen der Grenzkraft (Erhaltungsphase): einmal in zwei Wochen, 10 Übungen

Das eine Mal alle zwei Wochen ist das Minimum, das Ihr Körper braucht. Sie können durchaus zweimal pro Woche trainieren, da das Training neben der Erhaltung der Kraft ja noch andere positive Effekte auslöst, die Sie nicht mehr missen möchten.

> Wenn Sie Ihr Kraftpotenzial voll entwickelt haben, genügt ein unaufwändiges Erhaltungsprogramm. Dazu müssen die Muskeln nicht mehr bis zur Erschöpfung belastet werden, und ein Training alle zwei Wochen genügt.

Trainingspraxis

14 Prinzipien für das Training

Die nachfolgenden Trainingsprinzipien sind die Konsequenzen der Theorie für die Praxis. Ihre Einhaltung ist generell zu empfehlen, vorausgesetzt, es liegen keine Behinderungen oder Krankheiten vor.

Bei gesundheitlichen Problemen empfiehlt es sich, einen Arzt mit Kenntnissen in der Medizinischen Kräftigungstherapie aufzusuchen. Dort können Sie sich ein Programm ausarbeiten lassen, das auf Ihre individuellen Beschwerden eingeht.

Wenn Sie mit Ihrem Bewegungsapparat oder überhaupt mit Ihrer Gesundheit Probleme haben, suchen Sie nach Möglichkeit einen Arzt auf, der sich mit der Medizinischen Kräftigungstherapie auskennt. Ärzte (auch Sportärzte) ohne diese Zusatzausbildung sind nicht in der Lage, die möglichen Risiken einzuschätzen, weil sie die Art des Trainings nicht kennen. Ein in der Medizinischen Kräftigungstherapie ausgebildeter Arzt ist auch in der Lage, Ihnen ein persönliches Trainingsprogramm zu erstellen, das etwaige gesundheitliche Probleme berücksichtigt, weil er die Übungen und deren Wirkungsspektrum im Einzelnen kennt.

Die größten Hindernisse zur Einhaltung der Trainingsprinzipien sind Ungeduld und Nervosität. Jedes Training offenbart unmissverständlich Ihren gegenwärtigen inneren Zustand. Die bewusstseinszentrierende Wirkung des Trainings ist wohltuend. Es kann sich durchaus lohnen, sich auch dann zum Training durchzuringen, wenn man keine Lust dazu verspürt oder eben mit »anderen Dingen« beschäftigt ist. Machen Sie sich nichts vor. Versuchen Sie nicht, andere oder sich selbst mit Ihren Leistungen zu beeindrucken. Produktives Training hat weniger mit einem starken Willen als mit Sorgfalt zu tun. Halten Sie sich konsequent an folgende Trainingsprinzipien:

1. Trainieren Sie ein- bis zweimal pro Woche. Jedes Training sollte den ganzen Körper erfassen.
2. Trainieren Sie die Muskeln des Unterkörpers zuerst.
3. Wählen Sie ein Gewicht, das Ihnen eine Übungsdauer von 60 bis 90 Sekunden erlaubt. Die positive Bewegungsphase, wenn Sie das Gewicht anheben, sollte mindestens vier Sekunden dauern. Die negative, wenn Sie das Gewicht senken, sollte ebenfalls etwa vier Sekunden dauern. Zwischen diesen beiden Phasen verharren Sie für

14 Prinzipien für das Training

ungefähr zwei Sekunden in der Position der vollständigen Kontraktion der Muskeln.

4. Vermeiden Sie unter allen Umständen ruckartige, schnelle Bewegungen, denn sie sind gefährlich und unproduktiv.

5. Führen Sie jede Übung bis zur lokalen Erschöpfung der betroffenen Muskeln aus, d.h. so lange, bis Ihnen keine vollständige Bewegung mehr möglich ist. Wenn Sie die Übung länger als 90 Sekunden durchführen können, notieren Sie sich für das nächste Training auf Ihrer Trainingskarte ein um etwa fünf Prozent höheres Gewicht.

6. Vermeiden Sie jede Hilfe durch Drehen, Winden oder Mitschwingen des Körpers. Isolieren Sie die Muskeln so weit wie möglich.

7. Lösen Sie die Spannung in jenen Muskeln, die nicht in die Bewegung einbezogen sind. Achten Sie besonders darauf, dass die Muskeln der Hände, des Nackens und des Gesichts gelöst sind.

8. Halten Sie während der Anstrengung nie den Atem an. Atmen Sie Ihrem Sauerstoffbedarf entsprechend. Der Atemrhythmus muss nicht zwangsläufig mit dem Bewegungsrhythmus übereinstimmen. Vermeiden Sie eine Pressatmung, da sich diese negativ auf Herz und Kreislauf auswirken kann.

9. Wechseln Sie möglichst ohne Unterbrechung von einer Maschine zur anderen, damit auch das Herz und der Blutkreislauf vom Training profitieren (siehe auch Kapitel »Ausdauertraining« ab Seite 165)

10. Trainieren Sie in einem Satz bis zur lokalen Erschöpfung. Mehrere »Sätze« sind nicht sinnvoll, da sich Trainingsreize nicht addieren.

11. Erhöhen Sie nie das Gewicht auf Kosten einer sauberen Übungsausführung. Das individuelle Bewegungsausmaß (ROM = Range of Motion) darf sich nach einer Gewichtserhöhung nicht verringern, und es dürfen keine Ausweichbewegungen auftreten.

12. Notieren Sie auf Ihrer Trainingskarte das Gewicht, das Sie im nächsten Training verwenden werden.

13. Trinken Sie vor, während und unmittelbar nach dem Training Wasser – ohne jeden Zusatz.

14. Gönnen Sie sich nach dem Training mindestens 48 Stunden Pause.

Achten Sie besonders darauf, dass Sie die Übungen langsam, korrekt und ohne Ausweichbewegungen ausführen. Das bringt Sie rascher zum Ziel als vermeintlich schnelle Leistungssteigerungen.

Die Übungen

Auf den folgenden Seiten finden Sie die Beschreibungen für alle 41 Übungen, die in den Kieser Training-Betrieben eingesetzt werden. Die Anatomiegrafiken zeigen Ihnen die Muskeln, die bei der jeweiligen Übung hauptsächlich beansprucht werden.

Alle Übungen im Überblick

Derzeit stehen in jedem Kieser Training-Betrieb 41 Maschinen zur Verfügung, aus denen Ihr Instruktor etwa zehn für Ihr Trainingsprogramm auswählt. Die Unterteilung A bis H kennzeichnet die Körperpartie, die mit dem Gerät angesprochen wird. Maschinen mit dem Zusatz J trainieren verschiedene Muskelgruppen, sind also multifunktional.

A – Hüftregion

A1 – Streckung im Hüftgelenk (Hip Extension)
A2 – Beugung im Hüftgelenk (Torso Flexion)
A3 – Spreizung im Hüftgelenk (Abductor)
A4 – Anziehung im Hüftgelenk (Adductor)

B – Beine

B1 – Streckung im Kniegelenk (Leg Extension)
B5 – Beugung im Kniegelenk in Bauchlage (Leg Curl)
B6 – Beinpressen (Leg Press)
B7 – Beugung im Kniegelenk sitzend (Seated Leg Curl)
B8 – Fußheben (Tibia-dorsi-flexion)

C – Rücken

C1 – Überzug (Pullover)
C3 – Armzug (Torso Arm)
C5 – Rudern im Schultergelenk (Rowing Torso)
C7 – Ruderzug (Row)

D – Brust

D5 – Armkreuzen (Arm Cross)
D6 – Brustdrücken (Chest Press)
D7 – Barrenstütz sitzend (Seated Dip)

E – Schultern

E1 – Nackendrücken (Neck Press)
E2 – Seitenheben (Lateral Raise)
E3 – Drücken (Overhead Press)
E4 – Schulterdrehung nach innen (Internal Rotation)

E5 – Schulterdrehung nach außen (External Rotation)

F – Bauch und mittlerer Rücken

F1 – Rumpfdrehung (Rotary Torso)
F2 – Rückenflexion (Abdominal)
F3 – Rückenstreckung (Lower Back)

G – Hals und Nacken

G1 – Schulterheben (Neck & Shoulder)
G3 – Halsbeugung seitwärts (4-Way Neck – Side)
G4 – Halsbeugung nach vorne (4-Way Neck –Front)
G5 – Nackenstreckung (4-Way Neck – Rear)

H – Arme

H1 – Armbeugung (Bizeps)
H2 – Armstreckung (Trizeps)
H3 – Handdrehung nach innen (Wrist Pronation)
H4 – Handdrehung nach außen (Wrist Supination)
H5 – Beugung im Handgelenk (Wrist Curl)
H6 – Streckung im Handgelenk (Reverse Wrist Curl)
H7 – Fingerbeugung (Hand Grip)

J – Multifunktion

J1 – Fersenheben (Calf Standing)
J2 – Klimmzug vorne (Front Chin)
J3 – Klimmzug seitlich (Parallel Chin)
J4 – Barrenstütz (Dip)
J5 – Armstreckung stehend (Triceps Extension)
J9 – Seitbeuge (Side Bend)

Die Übungen

Die Muskeln des Torso von vorne

	Muskel	Funktion	Übungen
1	Kopfwender (M. sterno-cleidomastoideus)	Beugt den Kopf und die Halswirbelsäule zur Seite	G3
2	Trapezmuskel, oberer Teil (M. trapezius pars descendens)	Hebt das Schulterblatt. Neigt den Kopf zur Seite und nach hinten	G1, G3, G5
3	Deltamuskel, vorderer Teil (M. deltoideus pars clavicularis)	Hebt den Arm nach vorne	E3
4	Deltamuskel, mittlerer Teil (M. deltoideus pars acromialis)	Hebt den Arm seitwärts	E1, E2
5	Großer Brustmuskel (M. pectoralis major)	Bringt den Arm nach vorne innen und den Schulter-gürtel nach vorne	D5, D6, D7, E3, J4
6	Vorderer Sägemuskel (M. serratus anterior)	Zieht das Schulterblatt nach vorn und ermöglicht damit ein Heben des Armes über die Horizontale hinaus	E1, E3
7	Gerader Bauchmuskel (M. rectus abdominis)	Nähert den Brustkorb dem Becken	A2, F2
8	Äußerer schräger Bauch-muskel (M. obliquus externus abdominis)	Ermöglicht die seitliche Beugung und die Drehung des Rumpfes	F1, J9
9	Innnerer schräger Bauch-muskel (M.obliquus internus abdominis)	Ermöglicht die seitliche Beugung und die Drehung des Rumpfes	F1, J9
10	Unterschulterblattmus-kel (M. subscapularis)	Dreht den Arm um seine Längsachse nach innen	E4
11	Rippenhalter, vorderer Teil (M. scalenus anterior)	Beugt die Halswirbelsäule nach vorne	G4
12	Langer Kopfmuskel (M. longus capitis)	Beugt den Kopf und die Halswirbelsäule nach vorne	G4

Die Muskeln des Torso von vorne

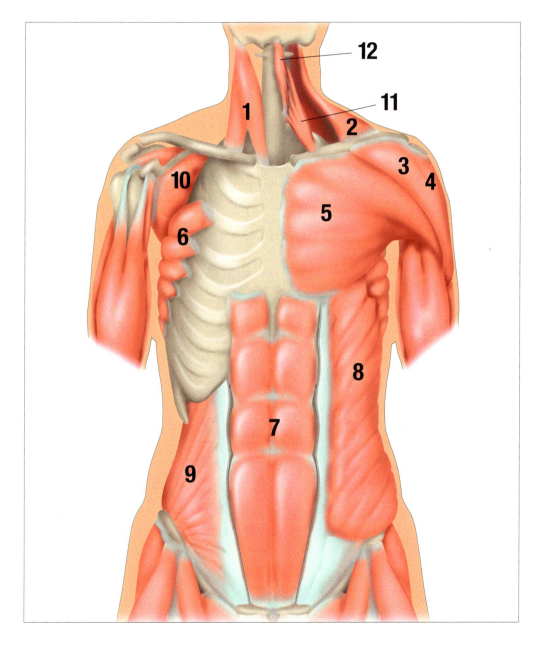

63

Die Übungen

Die Muskeln des Torso von hinten

	Muskel	Funktion	Übungen
13	Trapezmuskel, mittlerer Teil (M. trapezius pars transversa)	Nähert das Schulterblatt der Wirbelsäule an. Fixiert das Schulterblatt	C5, C7
14	Trapezmuskel, unterer Teil (M. trapezius pars ascendens)	Senkt das Schulterblatt	C3, D7, J2, J3, J4
15	Deltamuskel, hinterer Teil (M. deltoideus pars spinalis)	Bewegt den in der Horizontalen gehaltenen Arm nach hinten	C5
16	Großer Rückenmuskel (M. latissimus dorsi)	Zieht den Arm von einer Position über dem Kopf nach unten und nach hinten	C1, C3, C7, J2, J3
17	Streckmuskeln der Wirbelsäule (M. erector spinae)	Halten den Rücken aufrecht	A1, F3, G5
18	Rautenmuskeln (Mm. rhomboidei)	Ziehen das Schulterblatt nach oben und nach hinten zur Wirbelsäule	C5, C7
19	Untergrätenmuskel (M. infraspinatus)	Dreht den Arm um seine Längsachse nach außen	E5
20	Viereckiger Lendenmuskel (M. quadratus lumborum)	Ermöglicht die seitliche Beugung des Rumpfes	J9

Die Muskeln des Torso von hinten

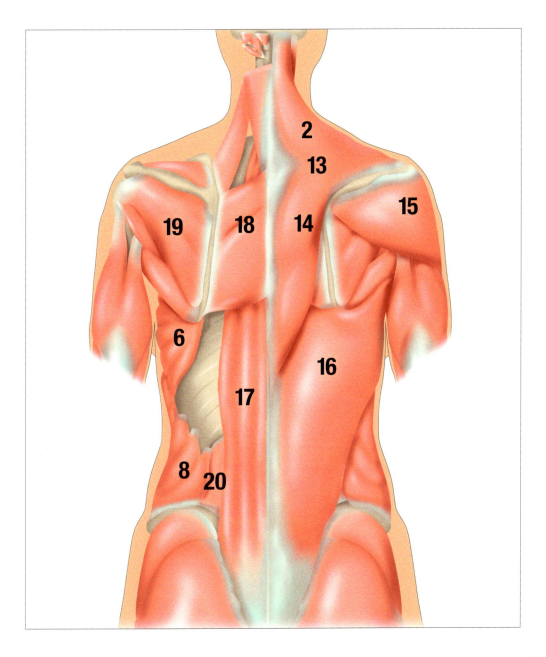

65

Die Übungen

Die Muskeln der Beine

	Muskel	Funktion	Übungen
1	Hüftlendenmuskel (M. iliopsoas)	Hebt den Oberschenkel nach vorne oben	A2
2	Vierköpfiger Schenkel-anzieher (M. quadriceps femoris)	Streckt das Bein im Kniegelenk	B1, B6
3	Schenkelanzieher (Mm. adductores)	Ziehen das abgespreizte Bein zur Körpermittellinie heran	A4
4	Vorderer Schienbein-muskel (M. tibialis anterior)	Hebt den Fuß im Fußgelenk an	B8
5	Mittlerer und kleiner Gesäßmuskel (M. glutaeus medius et minimus)	Spreizen den Oberschenkel zur Seite ab	A3
6	Großer Gesäßmuskel (M. glutaeus maximus)	Streckt das Bein im Hüftgelenk	A1, B6
7	Halbsehnenmuskel (M. semitendinosus)	Beugt das Bein im Knie-gelenk und streckt das Bein im Hüftgelenk	A1, B5, B6, B7
8	Zweiköpfiger Schenkel-beuger (M. biceps femoris)	Beugt das Bein im Knie-gelenk und streckt das Bein im Hüftgelenk	A1, B5, B6, B7
9	Plattsehnenmuskel (M. semimembranosus)	Beugt das Bein im Knie-gelenk und streckt das Bein im Hüftgelenk	A1, B5, B6, B7
10	Zwillingswadenmuskel (M. gastrocnemius)	Senkt den Fuß im Fußgelenk	J1
11	Schollenmuskel (M. soleus)	Unterstützt den Zwillings-wadenmuskel	J1

Die Muskeln der Beine

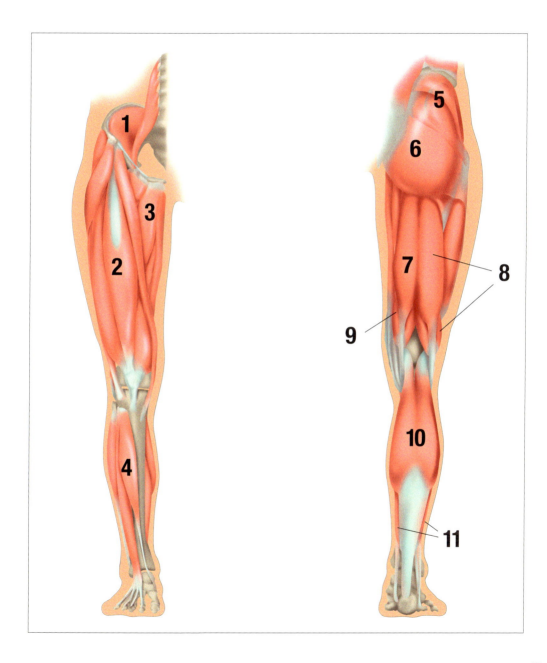

67

Die Übungen

Die Muskeln der Arme

	Muskel	Funktion	Übungen
1	Zweiköpfiger Armmuskel (M. biceps brachii)	Beugt den Arm im Ellbogengelenk, dreht den Unterarm nach außen	C3, C7, H1, H4, J2, J3
2	Dreiköpfiger Armmuskel (M. triceps brachii)	Streckt im Ellbogengelenk	D6, D7, E1, E3, H2, J4, J5
3	Handbeuger (Mm. flexores carpi)	Beugen im Handgelenk	H5
4	Einwärtsdreher (Mm. pronatores)	Drehen den Unterarm einwärts	H3
5	Handstrecker (Mm. extensores carpi)	Strecken im Handgelenk	H6
6	Fingerbeuger (Mm. flexores digitorum)	Beugen die Finger	H7
7	Auswärtsdreher (M. supinator) siehe hierzu Grafik H4	Dreht den Unterarm nach außen	H4

Die Muskeln der Arme

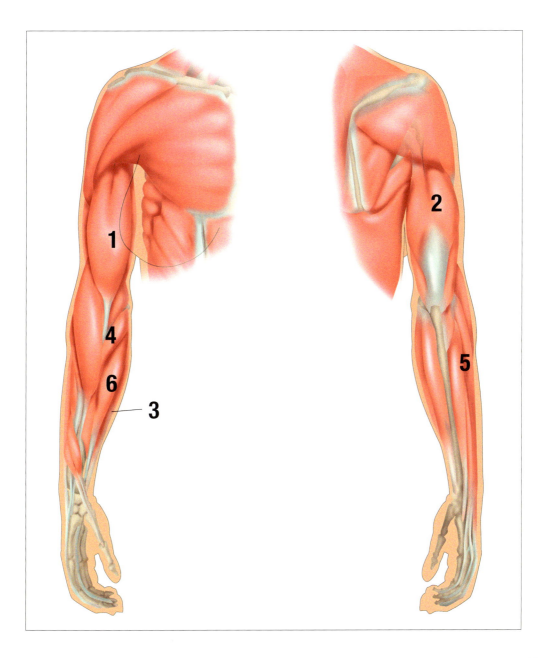

69

Die Übungen

Die Muskeln im Bereich des Beckenbodens

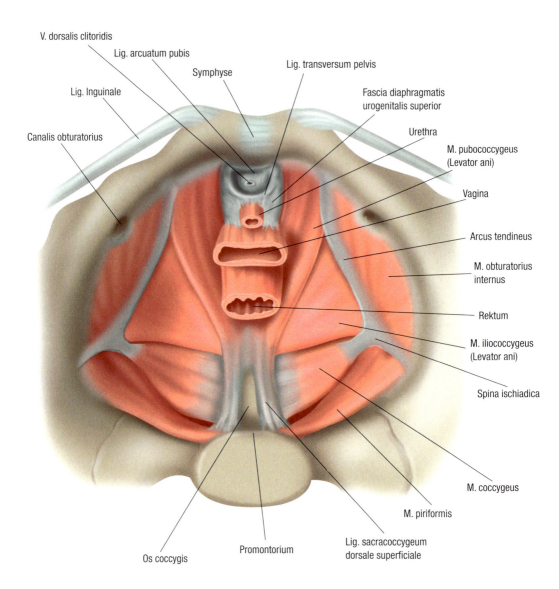

Die Muskeln im Bereich des Beckenbodens

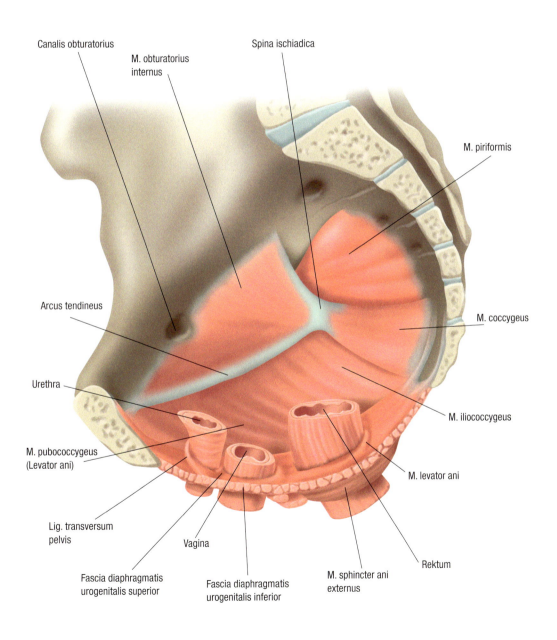

Übungsbeschreibungen

A1 – Streckung im Hüftgelenk (Hip Extension)

Wählen Sie Ihr festgelegtes Trainingsgewicht. Legen Sie sich seitlich mit Blick zum Gewichtsstock auf die Maschine. Beide Beine befinden sich zwischen den Polsterrollen, das vordere Polster im Hüftgelenk, das hintere an der Oberschenkelrückseite. Umfassen Sie den Handgriff im Untergriff und halten Sie die Arme im rechten Winkel. Legen Sie den Kopf auf das Kopfpolster.

Strecken Sie langsam beide Beine im Hüftgelenk so weit wie möglich nach hinten. Verharren Sie kurz in dieser Position und kontrahieren Sie die Beckenbodenmuskulatur zusammen mit den Gesäßmuskeln. Bringen Sie die Beine langsam in die Ausgangsposition zurück und achten Sie darauf, dass der Gewichtsstock nicht aufsetzt. Wiederholen Sie die Übung, bis keine vollständige Bewegung mehr möglich ist. Diese Übung eignet sich zur Kräftigung der Beckenbodenmuskulatur (vgl. Seite 45f.).

Beanspruchte Muskeln

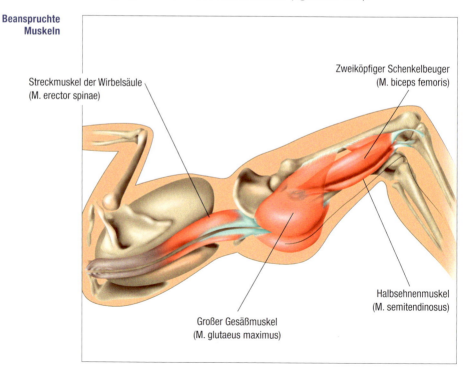

Streckmuskel der Wirbelsäule (M. erector spinae)

Zweiköpfiger Schenkelbeuger (M. biceps femoris)

Halbsehnenmuskel (M. semitendinosus)

Großer Gesäßmuskel (M. glutaeus maximus)

A1 – Streckung im Hüftgelenk (Hip Extension)

Wichtig: Vermeiden Sie jeden Schwung und drücken Sie beide Beine gleichmäßig aus der Hüfte nach hinten.

Übungsbeschreibungen

A2 – Beugung im Hüftgelenk (Torso Flexion)

Stellen Sie Ihr festgelegtes Trainingsgewicht ein. Legen Sie sich seitlich mit Blick zum Gewichtsstock auf die Maschine. Beide Beine befinden sich zwischen den Polsterrollen, das vordere Polster ungefähr in der Mitte der Oberschenkel, die hinteren unterhalb des Gesäßes bzw. an der Wade. Umfassen Sie den Handgriff im Übergriff und strecken Sie die Arme. Legen Sie den Kopf auf das Kopfpolster.

Beugen Sie langsam beide Beine im Hüftgelenk, indem Sie die Knie zur Brust ziehen. Verharren Sie kurz in dieser zusammengerollten Position. Bringen Sie die Beine langsam in die Ausgangsposition zurück und achten Sie darauf, dass der Gewichtsstock nicht aufsetzt. Wiederholen Sie die Übung, bis keine vollständige Bewegung mehr möglich ist.

Beanspruchte Muskeln

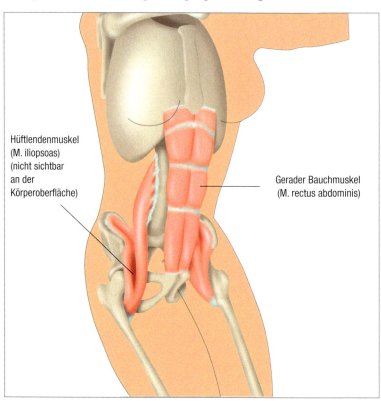

A2 – Beugung im Hüftgelenk (Torso Flexion)

Wichtig: Vermeiden Sie ein Hochrutschen in der Maschine, indem Sie die Waden kräftig gegen die untere hintere Polsterrolle drücken.

Übungsbeschreibungen

A3 – Spreizung im Hüftgelenk (Abductor)

Wählen Sie Ihr festgelegtes Trainingsgewicht. Stellen Sie die Rückenlehne ein. Setzen Sie sich in die Maschine und stellen Sie die Oberschenkelpolster entsprechend Ihrer Körpergröße ein. Gurten Sie sich an.

Drücken Sie die Oberschenkel langsam und so weit wie möglich zur Seite. Verharren Sie kurz in dieser Position und kontrahieren Sie die Gesäß- und Beckenbodenmuskulatur. Bringen Sie die Beine langsam in die Ausgangsposition zurück, ohne dass der Gewichtsstock aufsetzt. Wiederholen Sie, bis keine vollständige Bewegung mehr möglich ist. Halten Sie während der Übung den Oberkörper und die Arme entspannt. Diese Übung eignet sich zur Kräftigung der Beckenbodenmuskulatur (vgl. Seite 45f.).

Beanspruchte Muskeln

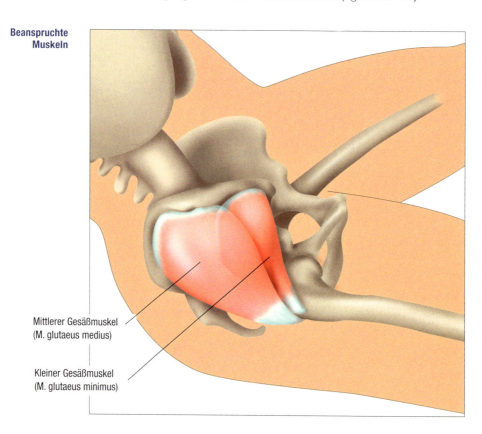

Mittlerer Gesäßmuskel (M. glutaeus medius)

Kleiner Gesäßmuskel (M. glutaeus minimus)

A3 – Spreizung im Hüftgelenk (Abductor)

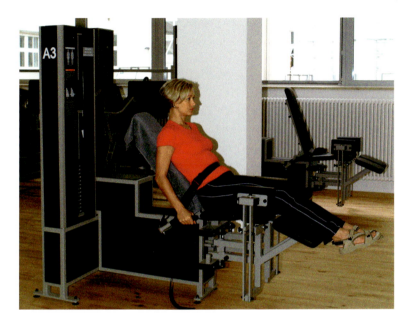

Wichtig: Rutschen Sie während der Übung nicht nach vorne.

Übungsbeschreibungen

A4 – Anziehung im Hüftgelenk (Adductor)

Wählen Sie Ihr festgelegtes Trainingsgewicht. Stellen Sie die Rückenlehne ein. Setzen Sie sich in die Maschine und drücken Sie die Handgriffe nach unten. Legen Sie Ihre Beine auf die Polster. Lassen Sie langsam die Handgriffe los und lehnen Sie sich zurück.

Gehen Sie langsam in die gedehnte Position. Von dort führen Sie die Oberschenkel bis zum Anschlag der oberen Beinpolster zusammen. Verharren Sie kurz in dieser Position und kontrahieren Sie die Beckenbodenmuskulatur. Wiederholen Sie, bis keine vollständige Bewegung mehr möglich ist. Zum Aussteigen drücken Sie die Handgriffe wieder nach unten. Diese Übung eignet sich zur Kräftigung der Beckenbodenmuskulatur (siehe Seite 45f.).

Beanspruchte Muskeln

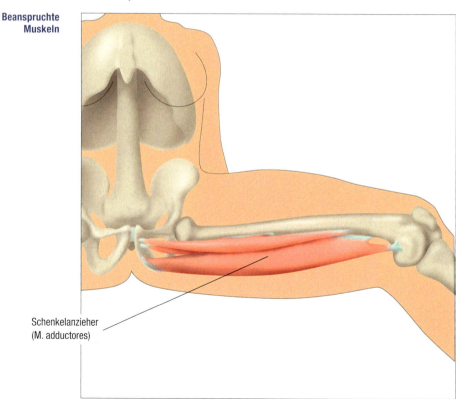

Schenkelanzieher (M. adductores)

A4 – Anziehung im Hüftgelenk (Adductor)

Wichtig: Machen Sie während der Übung keine O-Beine.

Übungsbeschreibungen

B1 – Streckung im Kniegelenk (Leg Extension)

Wählen Sie Ihr festgelegtes Trainingsgewicht. Stellen Sie die Rückenlehne entsprechend Ihrer Körpergröße ein. Setzen Sie sich in die Maschine, mit den Unterschenkeln hinter dem Hebelarm. Gurten Sie sich an und legen Sie die Hände an die Handgriffe. Ziehen Sie die Fußspitzen in Richtung Knie und platzieren Sie die Beine hüftbreit auseinander.

Strecken Sie langsam beide Beine im Kniegelenk, bis die Beine vollständig gestreckt sind. Verharren Sie kurz in dieser Position. Bringen Sie die Unterschenkel langsam in die Ausgangsposition zurück und achten Sie darauf, dass der Gewichtsstock nicht aufsetzt. Wiederholen Sie, bis keine vollständige Bewegung mehr möglich ist.

Beanspruchte Muskeln

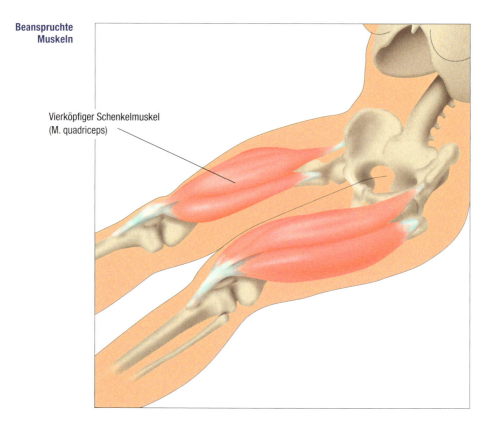

Vierköpfiger Schenkelmuskel (M. quadriceps)

B1 – Streckung im Kniegelenk (Leg Extension)

Wichtig: Halten Sie während der gesamten Übung den Rücken gerade und entspannen Sie die Hals- und Gesichtsmuskeln.

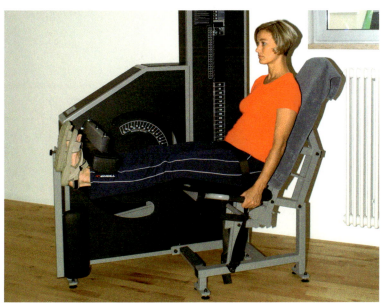

Übungsbeschreibungen

B5 – Beugung im Kniegelenk in Bauchlage (Leg Curl)

Wählen Sie Ihr festgelegtes Trainingsgewicht. Legen Sie sich auf das Polster, mit den Knien im Drehpunkt. Die Füße befinden sich unterhalb des Polsters am Hebelarm. Fassen Sie die beiden Handgriffe.

Beugen Sie die Beine im Kniegelenk, indem Sie versuchen, Ihre Fersen zum Gesäß hin zu bewegen. Verharren Sie kurz in dieser Position. Senken Sie langsam die Füße in die Ausgangsposition zurück und achten Sie darauf, dass der Gewichtsstock nicht aufsetzt. Wiederholen Sie die Übung, bis keine vollständige Bewegung mehr möglich ist.

Beanspruchte Muskeln

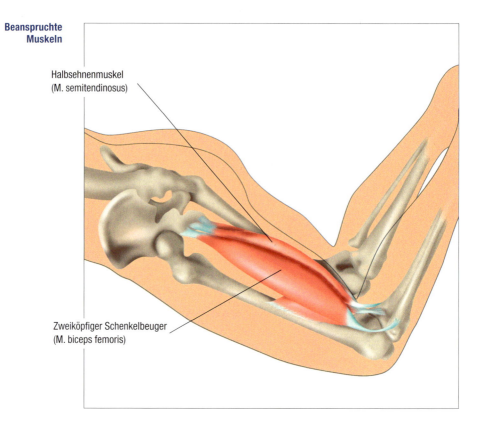

Halbsehnenmuskel (M. semitendinosus)

Zweiköpfiger Schenkelbeuger (M. biceps femoris)

B5 – Beugung im Kniegelenk in Bauchlage (Leg Curl)

Wichtig: Während der gesamten Übung bleiben die Füße in Richtung Knie angewinkelt; das Becken wird fest auf dem Polster fixiert.

Übungsbeschreibungen

B6 – Beinpressen (Leg Press)

Wählen Sie Ihr festgelegtes Trainingsgewicht. Stellen Sie Sitzposition, Lehne und Schulterpolster entsprechend Ihrer Körpergröße ein. Setzen Sie sich in die Maschine. Platzieren Sie beide Füße auf dem Fußbrett und legen Sie die Hände an die Handgriffe.

Drücken Sie mit beiden Beinen das Fußbrett langsam nach vorne. Achten Sie darauf, dass die Knie in der Endposition nicht vollständig durchgestreckt sind. Verharren Sie kurz in dieser Position und kontrahieren Sie die Beckenbodenmuskulatur. Gehen Sie langsam in die Ausgangsposition zurück, ohne den Gewichtsstock aufsetzen zu lassen. Wiederholen Sie, bis keine vollständige Bewegung mehr möglich ist. Diese Übung eignet sich zur Kräftigung der Beckenbodenmuskulatur (siehe Seite 45f.).

Beanspruchte Muskeln

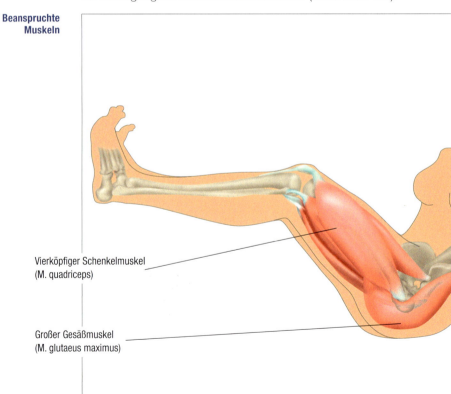

Vierköpfiger Schenkelmuskel (M. quadriceps)

Großer Gesäßmuskel (M. glutaeus maximus)

B6 – Beinpressen (Leg Press)

Wichtig: Achten Sie darauf, dass die Knie während der Bewegung nicht nach innen oder außen fallen.

85

Übungsbeschreibungen

B7 – Beugung im Kniegelenk sitzend (Seated Leg Curl)

Entfernen Sie die Pins aus dem Gewichtsstock. Stellen Sie die Rückenlehne und das Schienbeinpolster entsprechend Ihrer Körpergröße ein. Setzen Sie sich in die Maschine. Drücken Sie mit der rechten Hand den Bewegungsarm nach vorne/unten. Legen Sie jetzt beide Beine zwischen die Polster. Strecken Sie die Beine und ziehen Sie mit der rechten Hand den Bewegungsarm so weit wie möglich zu sich heran. Wählen Sie Ihr festgelegtes Trainingsgewicht. Legen Sie die Hände an die Handgriffe.

Beugen Sie die Beine im Kniegelenk, indem Sie versuchen, mit den Fersen so weit wie möglich Richtung Gesäß zu kommen. Verharren Sie kurz in der gebeugten Position. Gehen Sie langsam in die Ausgangsposition zurück und achten Sie darauf, dass der Gewichtsstock nicht aufsetzt. Wiederholen Sie die Übung, bis keine vollständige Bewegung mehr möglich ist.

Beanspruchte Muskeln

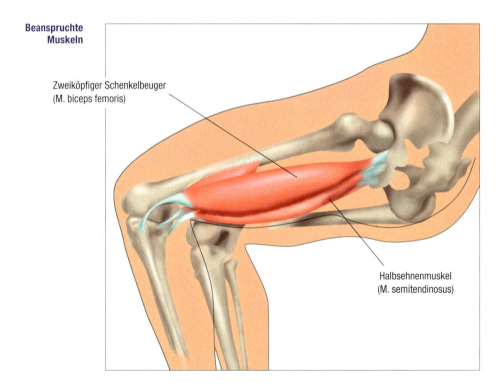

Zweiköpfiger Schenkelbeuger (M. biceps femoris)

Halbsehnenmuskel (M. semitendinosus)

B7 – Beugung im Kniegelenk sitzend (Seated Leg Curl)

Wichtig: Ihr gesamter Rücken bleibt ständig an der Lehne. Halten Sie die Füße in Richtung Knie angewinkelt.

Übungsbeschreibungen

B8 – Fußheben (Tibia-dorsi-flexion)

Wählen Sie Ihr festgelegtes Trainingsgewicht. Klappen Sie das Schienbeinpolster nach rechts oben, damit Sie bequem Ihren Fuß zwischen Fußplatte und Fußpolster schieben können. Ziehen Sie den Unterschenkel leicht nach hinten und schließen Sie das Schienbeinpolster.

Heben Sie langsam den Fuß im Fußgelenk. Verharren Sie in der höchsten Position. Senken Sie den Fuß langsam. Wiederholen Sie die Übung, bis keine vollständige Bewegung mehr möglich ist.

Beanspruchte Muskeln

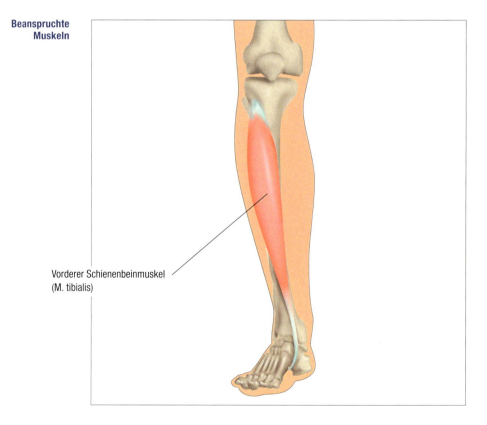

Vorderer Schienenbeinmuskel (M. tibialis)

B8 – Fußheben (Tibia-dorsi-flexion)

Wichtig: Senken Sie das Gewicht in der Dehnungsphase vorsichtig. Achten Sie darauf, dass das Schienbein ständig Kontakt zum Polster hat.

Übungsbeschreibungen

C1 – Überzug (Pullover)

Wählen Sie Ihr festgelegtes Trainingsgewicht. Stellen Sie Sitz, Rückenlehne und Ellbogenpolster entsprechend Ihrer Körpergröße ein. Setzen Sie sich in die Maschine und gurten Sie sich an. Drücken Sie die Pedale nach unten. Fassen Sie die Handgriffe und platzieren Sie die Ellbogen auf den Polstern. Nehmen Sie die Füße vorsichtig von den Pedalen, die Arme übernehmen nun das Trainingsgewicht. Geben Sie der Belastung langsam nach, bis Ihre Oberarme hinter dem Kopf gedehnt sind. Drücken Sie nun mit den Oberarmen zunächst nach vorne, dann nach unten und schließlich so weit wie möglich nach hinten. Verharren Sie kurz in dieser Position. Wiederholen Sie, bis keine vollständige Bewegung mehr möglich ist. Halten Sie Kopf und Oberkörper ruhig und locker.

Beanspruchte Muskeln

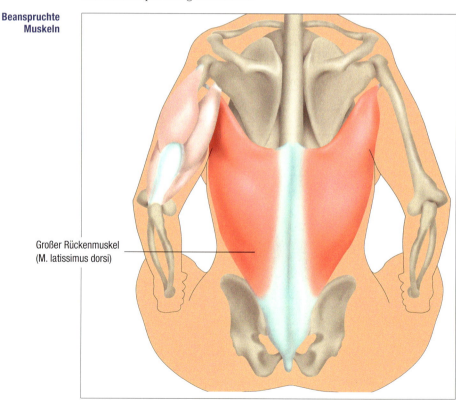

Großer Rückenmuskel (M. latissimus dorsi)

C1 – Überzug (Pullover)

Wichtig: Halten Sie den Oberkörper gerade und in Kontakt mit dem Rückenpolster. Drücken Sie ausschließlich mit den Oberarmen, die Hände bleiben entspannt.

Übungsbeschreibungen

C3 – Armzug (Torso Arm)

Wählen Sie Ihr festgelegtes Trainingsgewicht. Stellen Sie die Sitzhöhe entsprechend Ihrer Körpergröße ein. Gurten Sie sich an und fassen Sie die Handgriffe. Lehnen Sie sich leicht nach vorne.

Ziehen Sie die Griffe nach unten, bis sich Ihre Hände neben den Schultern befinden. Während der Bewegung ziehen Sie die Ellbogen neben dem Körper nach außen/unten. Verharren Sie kurz in dieser Position. Gehen Sie langsam in die gedehnte Ausgangsposition zurück. Wiederholen Sie, bis keine vollständige Bewegung mehr möglich ist. Das Gewicht darf in der gedehnten Position nicht aufsetzen. Stellen Sie sonst den Sitz tiefer.

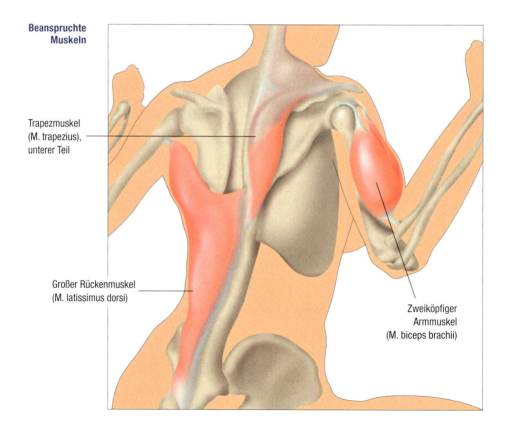

Beanspruchte Muskeln

Trapezmuskel (M. trapezius), unterer Teil

Großer Rückenmuskel (M. latissimus dorsi)

Zweiköpfiger Armmuskel (M. biceps brachii)

C3 – Armzug (Torso Arm)

Wichtig: Halten Sie den Rücken gerade und nach vorne geneigt.

Übungsbeschreibungen

C5 – Rudern im Schultergelenk (Rowing Torso)

Wählen Sie Ihr festgelegtes Trainingsgewicht. Stellen Sie die Sitzhöhe entsprechend Ihrer Körpergröße ein. Setzen Sie sich mit dem Rücken zum Gewichtsstock. Stellen Sie das Brustpolster ein. Lösen Sie die Arretierung und bringen Sie die Armpolster nach vorne in die Ausgangsposition. Lehnen Sie den Oberkörper nach vorne gegen das Brustpolster; das Gesäß hat Kontakt mit dem Rückenpolster. Legen Sie die Ellbogen in die Armpolster und halten Sie die Arme im rechten Winkel.

Drücken Sie die Arme so weit wie möglich nach hinten. Halten Sie die Ober- und Unterarme parallel zum Boden. Verharren Sie kurz in dieser Position und kehren Sie dann in die Ausgangsposition zurück, ohne das Gewicht abzusetzen. Wiederholen Sie die Übung, bis keine vollständige Bewegung mehr möglich ist.

Beanspruchte Muskeln

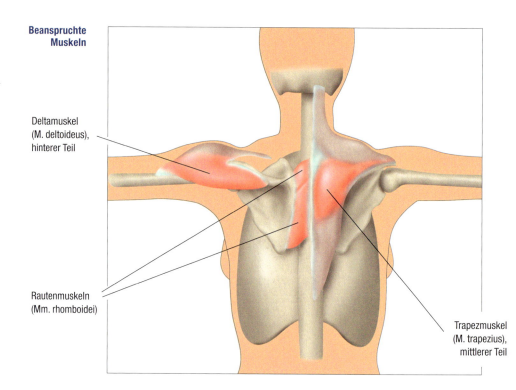

Deltamuskel (M. deltoideus), hinterer Teil

Rautenmuskeln (Mm. rhomboidei)

Trapezmuskel (M. trapezius), mittlerer Teil

C5 – Rudern im Schultergelenk (Rowing Torso)

Wichtig: Das Brustbein bleibt in Kontakt mit dem Brustpolster.

Übungsbeschreibungen

C7 – Ruderzug (Row)

Wählen Sie Ihr festgelegtes Trainingsgewicht. Stellen Sie das Brustpolster entsprechend Ihrer Körpergröße ein. Setzen Sie sich in die Maschine, mit dem Oberkörper in leichter Vorlage.

Ziehen Sie die Griffe so weit wie möglich nach hinten. Dabei werden die Ellbogen nah am Körper entlang nach hinten geführt. Die Schultern bleiben unten. Verharren Sie kurz in dieser Position. Gehen Sie langsam in die gedehnte Ausgangsposition zurück. Wiederholen Sie, bis keine vollständige Bewegung mehr möglich ist.

Halten Sie den Kopf locker und gerade und bleiben Sie mit der Brust in Kontakt mit dem Polster. Das Gewicht darf in der gedehnten Position nicht aufsetzen. Stellen Sie sonst das Polster weiter nach hinten.

Beanspruchte Muskeln

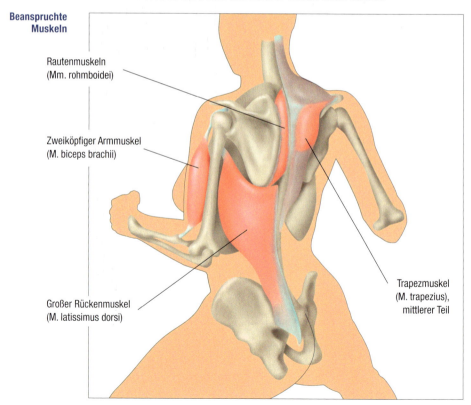

Rautenmuskeln (Mm. rohmboidei)

Zweiköpfiger Armmuskel (M. biceps brachii)

Großer Rückenmuskel (M. latissimus dorsi)

Trapezmuskel (M. trapezius), mittlerer Teil

C7 – Ruderzug (Row)

Wichtig: Halten Sie Ihre Nackenmuskeln entspannt und die Handgelenke gerade.

Übungsbeschreibungen

D5 – Armkreuzen (Arm Cross)

Wählen Sie Ihr festgelegtes Trainingsgewicht. Stellen Sie Rückenlehne und Armpolster entsprechend Ihrer Körpergröße ein.

Treten Sie die Einstiegshilfe mit dem rechten Fuß nach unten. Legen Sie Ihre Unterarme an die Armpolster. Die Oberarme befinden sich parallel zum Boden. Legen Sie die Hände an die Handgriffe oder die Armpolster. Drücken Sie mit den Unterarmen die Hebelarme so weit nach vorne, bis sie sich berühren. Verharren Sie kurz in dieser Position. Gehen Sie langsam in die Ausgangsposition zurück. Wiederholen Sie, bis keine vollständige Bewegung mehr möglich ist.

Beanspruchte Muskeln

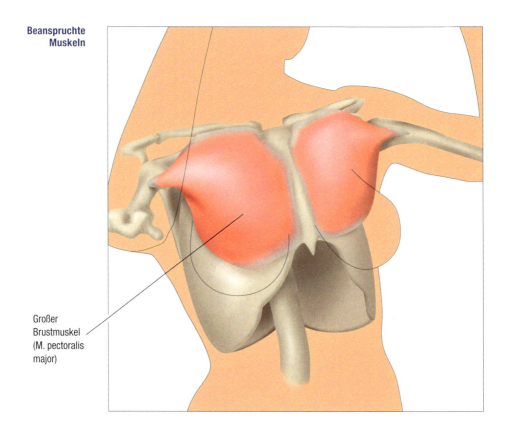

Großer Brustmuskel (M. pectoralis major)

D5 – Armkreuzen (Arm Cross)

Wichtig: Halten Sie während der gesamten Übung den Rücken am Polster, die Hände liegen locker an den Handgriffen.

Übungsbeschreibungen

D6 – Brustdrücken (Chest Press)

Wählen Sie Ihr festgelegtes Trainingsgewicht. Stellen Sie Rückenlehne und Sitzhöhe entsprechend Ihrer Körpergröße ein. Treten Sie die Einstiegshilfe mit beiden Füßen nach unten. Greifen Sie beide Hebelarme ca. 2 cm unterhalb der Griffenden.

Drücken Sie die Hebelarme nach vorne, die Arme dürfen nicht vollständig gestreckt werden. Verharren Sie kurz in dieser Position. Gehen Sie langsam in die Ausgangsposition zurück. Wiederholen Sie die Übung, bis keine vollständige Bewegung mehr möglich ist.

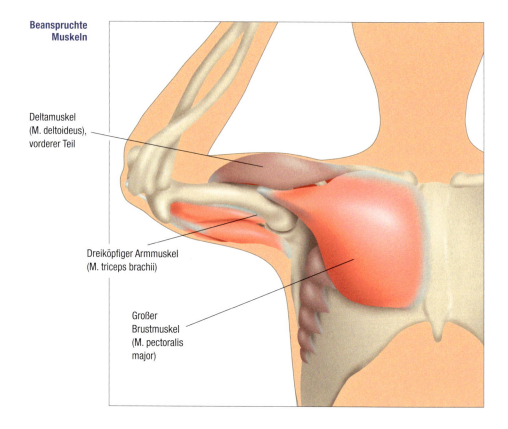

Beanspruchte Muskeln

Deltamuskel (M. deltoideus), vorderer Teil

Dreiköpfiger Armmuskel (M. triceps brachii)

Großer Brustmuskel (M. pectoralis major)

D6 – Brustdrücken (Chest Press)

Wichtig: Vermeiden Sie ein Hohlkreuz. Die Ellbogen zeigen während der Bewegung nach außen.

Übungsbeschreibungen

D7 – Barrenstütz sitzend (Seated Dip)

Wählen Sie Ihr festgelegtes Trainingsgewicht. Stellen Sie Sitzhöhe und Griffe entsprechend Ihrer Körpergröße ein. Gurten Sie sich an und fassen Sie die Handgriffe. Lehnen Sie sich leicht nach vorne.

Drücken Sie die Griffe nach unten. Dabei sind die Ellbogen stets nach außen gerichtet. Stoppen Sie die Bewegung, bevor die Ellbogen vollständig gestreckt sind. Verharren Sie kurz in dieser Position. Gehen Sie langsam in die Ausgangsposition zurück. Wiederholen Sie die Übung, bis keine vollständige Bewegung mehr möglich ist.

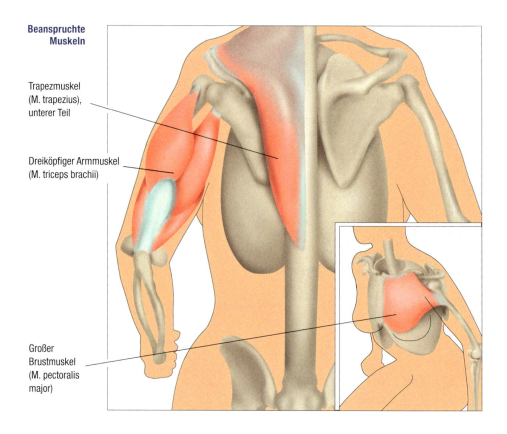

Beanspruchte Muskeln

Trapezmuskel (M. trapezius), unterer Teil

Dreiköpfiger Armmuskel (M. triceps brachii)

Großer Brustmuskel (M. pectoralis major)

D7 – Barrenstütz sitzend (Seated Dip)

Wichtig: Achten Sie darauf, dass die Ellbogen nicht nach hinten ausweichen.

Übungsbeschreibungen

E1 – Nackendrücken (Neck Press)

Wählen Sie Ihr festgelegtes Trainingsgewicht. Stellen Sie Sitzhöhe und Lehne entsprechend Ihrer Körpergröße ein. Fassen Sie die zur Seite zeigenden Griffe, die Ellbogen sind nach unten gerichtet.

Drücken Sie die Griffe nach oben, ohne die Ellbogen ganz durchzustrecken. Verharren Sie kurz in dieser Position. Gehen Sie langsam in die Ausgangsposition zurück. Wiederholen Sie die Übung, bis keine vollständige Bewegung mehr möglich ist.

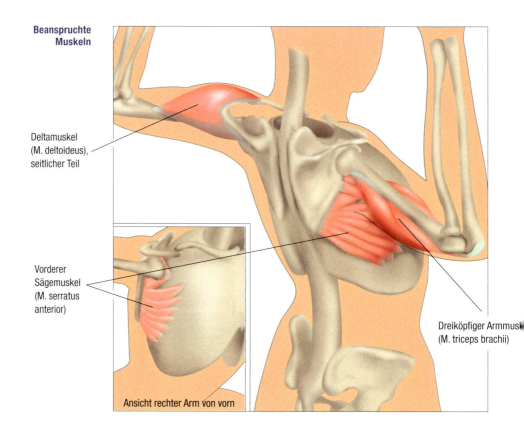

Beanspruchte Muskeln

Deltamuskel (M. deltoideus), seitlicher Teil

Vorderer Sägemuskel (M. serratus anterior)

Dreiköpfiger Armmuskel (M. triceps brachii)

Ansicht rechter Arm von vorn

E1 – Nackendrücken (Neck Press)

Wichtig: Halten Sie den Rücken gerade.

Übungsbeschreibungen

E2 – Seitenheben (Lateral Raise)

Wählen Sie Ihr festgelegtes Trainingsgewicht. Stellen Sie Sitzhöhe und Rückenlehne entsprechend Ihrer Körpergröße ein. Setzen Sie sich in die Maschine und stellen Sie die Armpolster ein. Fassen Sie die Handgriffe so, dass Ihre Ellbogen an den Polstern anliegen und der Oberarm im rechten Winkel zum Unterarm steht. Drücken Sie mit den Ellbogen die Polster seitlich nach oben. Verharren Sie kurz in dieser Position. Gehen Sie langsam in die Ausgangsposition zurück, ohne das Gewicht abzusetzen. Wiederholen Sie die Übung, bis keine vollständige Bewegung mehr möglich ist.

Die Winkelstellung der Bewegungsarme kann variiert werden. Je weiter die Winkelstellung geöffnet ist, umso geringer ist die Belastung auf das Schultergelenk und umso größer ist die Bewegungsamplitude. Bei engster Winkelstellung sollten die Oberarme die Horizontale nicht überschreiten.

Beanspruchte Muskeln

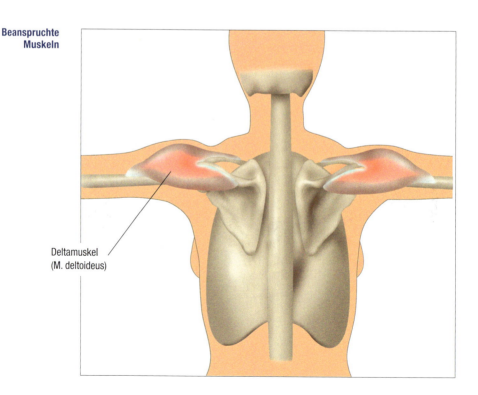

Deltamuskel (M. deltoideus)

E2 – Seitenheben (Lateral Raise)

Wichtig: Heben Sie die Schultern nicht an.

Übungsbeschreibungen

E3 – Drücken (Overhead Press)

Wählen Sie Ihr festgelegtes Trainingsgewicht. Stellen Sie Sitzhöhe und Lehne entsprechend Ihrer Körpergröße ein. Fassen Sie die nach vorne zeigenden Griffe, die Ellbogen sind nach unten gerichtet.

Drücken Sie die Griffe nach oben, ohne die Ellbogen ganz durchzustrecken. Verharren Sie kurz in dieser Position. Gehen Sie langsam in die Ausgangsposition zurück. Wiederholen Sie die Übung, bis keine vollständige Bewegung mehr möglich ist.

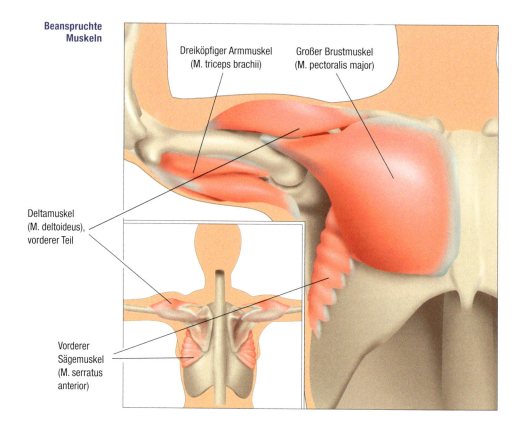

Beanspruchte Muskeln

Dreiköpfiger Armmuskel (M. triceps brachii)

Großer Brustmuskel (M. pectoralis major)

Deltamuskel (M. deltoideus), vorderer Teil

Vorderer Sägemuskel (M. serratus anterior)

E3 – Drücken (Overhead Press)

Wichtig: Halten Sie den Rücken gerade.

Übungsbeschreibungen

E4 – Schulterdrehung nach innen (Internal Rotation)

Wählen Sie Ihr festgelegtes Trainingsgewicht. Stellen Sie die Sitzhöhe entsprechend Ihrer Körpergröße ein. Drehen Sie den Hebelarm und lassen Sie ihn in der Position einrasten, in der er nach hinten zeigt. Der Handgriff befindet sich oben.

Setzen Sie sich in die Maschine, fassen Sie den Handgriff und legen Sie den Oberarm in das Ellbogenpolster. Ihr Unterarm sollte in einem rechten Winkel zum Oberarm stehen. In der Startposition befindet sich der Unterarm in der Vertikalen oder soweit möglich etwas dahinter. Drehen Sie den Arm nach vorne unten. Verharren Sie kurz in der tiefsten Position. Gehen Sie langsam zurück in die Ausgangsposition. Wiederholen Sie, bis keine vollständige Bewegung mehr möglich ist. Drehen Sie Sitz, Hebelarm und Handgriff auf die andere Seite. Trainieren Sie diese wie oben beschrieben.

Beanspruchte Muskeln

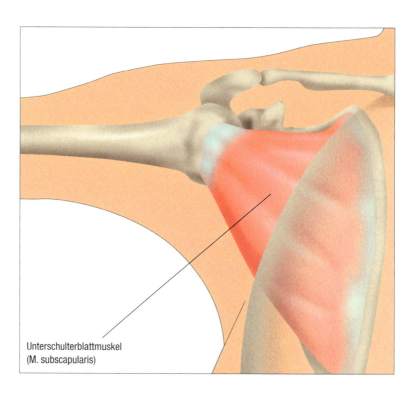

Unterschulterblattmuskel (M. subscapularis)

E4 – Schulterdrehung nach innen (Internal Rotation)

Wichtig: Halten Sie das Handgelenk gerade, den Rücken am Polster und die Schulter fixiert.

Übungsbeschreibungen

E5 – Schulterdrehung nach außen (External Rotation)

Wählen Sie Ihr festgelegtes Trainingsgewicht. Stellen Sie die Sitzhöhe entsprechend Ihrer Körpergröße ein. Drehen Sie den Hebelarm und lassen Sie ihn in der Position einrasten, in der er nach vorne zeigt. Der Handgriff befindet sich unten.

Setzen Sie sich in die Maschine und legen Sie den Oberarm in das Ellbogenpolster. Fassen Sie den Handgriff unterhalb des Ellbogenpolsters. Ihr Unterarm sollte in einem rechten Winkel zum Oberarm stehen. Drehen Sie den Arm nach oben rückwärts. Verharren Sie kurz in der höchsten Position. Gehen Sie langsam zurück in die Ausgangsposition. Wiederholen Sie, bis keine vollständige Bewegung mehr möglich ist. Drehen Sie Sitz, Hebelarm und Handgriff auf die andere Seite. Trainieren Sie diese wie oben beschrieben.

Beanspruchte Muskeln

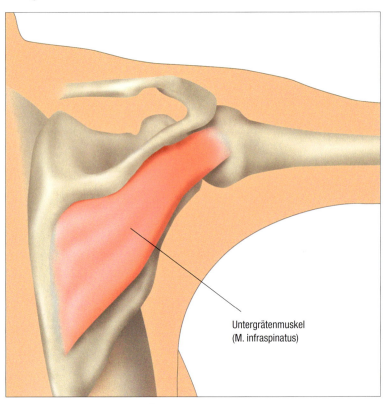

Untergrätenmuskel
(M. infraspinatus)

E5 – Schulterdrehung nach außen (External Rotation)

Wichtig: Diese Übung trainiert einen empfindlichen Bereich. Achten Sie auf eine sorgfältige und langsame Ausführung. Halten Sie das Handgelenk gerade, den Rücken am Polster und die Schulter fixiert.

Übungsbeschreibungen

F1 – Rumpfdrehung (Rotary Torso)

Wählen Sie Ihr Trainingsgewicht. Setzen Sie sich in die Maschine und positionieren Sie Ihre Füße so auf dem Fußbrett, dass die Schienbeine vollständig an den Kniepolstern anliegen. Legen Sie den linken Arm hinter die Ellbogenrolle. Mit der rechten Hand drücken Sie den Fixierhebel oberhalb Ihres Kopfes nach oben. Drehen Sie Ihren Oberkörper so weit wie möglich nach links und lassen Sie den Fixierhebel wieder einrasten. Rücken und Becken dürfen sich dabei nicht vom Polster lösen. Legen Sie den rechten Arm ebenfalls hinter die Ellbogenrolle.

Drehen Sie den Oberkörper langsam nach rechts. Verharren Sie in der Endposition. Gehen Sie langsam zurück in die Ausgangsposition und achten Sie darauf, dass der Gewichtsstock nicht aufsetzt. Wiederholen Sie die Übung, bis keine vollständige Bewegung mehr möglich ist. Trainieren Sie auch die entgegengesetzte Seite wie oben beschrieben.

Beanspruchte Muskeln

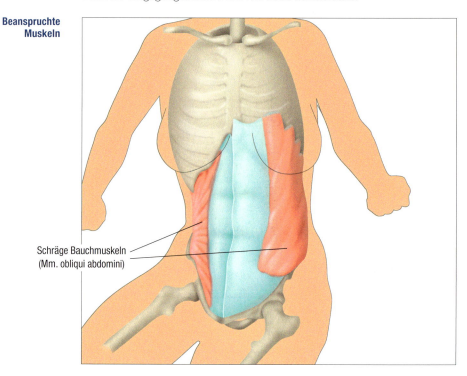

Schräge Bauchmuskeln (Mm. obliqui abdomini)

F1 – Rumpfdrehung (Rotary Torso)

Wichtig: Halten Sie den Oberkörper am Polster, die Fußstellung bleibt unverändert, und das Becken ist fixiert.

Übungsbeschreibungen

F2 – Rückenflexion (Abdominal)

Wählen Sie Ihr festgelegtes Trainingsgewicht. Setzen Sie sich in die Maschine. Schieben Sie Ihr Becken leicht nach vorne. Drücken Sie den Hebelarm links unterhalb des Sitzes so weit nach unten, bis Ihre Oberschenkel leicht gespreizt sind. Gurten Sie sich an, und führen Sie die Polsterrolle über Ihrem Kopf vor die Brust. Legen Sie die Oberarme parallel auf die Rolle, die Hände liegen seitlich am Kopf.

Rollen Sie den Oberkörper nach vorne ein. Das Brustbein wird auf dem direktesten Weg dem Schambein angenähert. Achten Sie darauf, dass Sie sich nicht im Hüftgelenk beugen. Verharren Sie kurz in der gekrümmten Position. Führen Sie den Oberkörper in die Ausgangsposition zurück, jedoch nur so weit, dass das Gewicht nicht aufsetzt. Wiederholen Sie, bis keine vollständige Bewegung mehr möglich ist.

Beanspruchte Muskeln

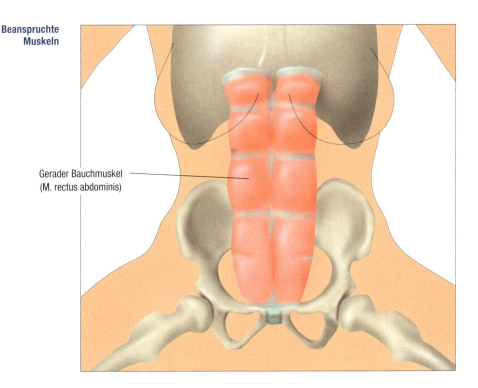

Gerader Bauchmuskel (M. rectus abdominis)

F2 – Rückenflexion (Abdominal)

Wichtig: Achten Sie darauf, dass der Rücken mit dem Polster in Kontakt bleibt.

Übungsbeschreibungen

F3 – Rückenstreckung (Lower Back)

Wählen Sie Ihr Trainingsgewicht. Stellen Sie Fußbrett und Kniepolster ein. Setzen Sie sich in die Maschine. Fassen Sie die Griffe seitlich der Sitzflächen und stemmen Sie sich aus dem Sitz hoch. Jetzt können Sie Ihre Füße auf dem Fußbrett platzieren und sich über die Beckenrolle in den Sitz senken. Die Schienbeine liegen in der Mitte der Polster. Beugen Sie sich nach vorne, fassen Sie die beiden Handgriffe unterhalb der Sitzfläche. Drücken Sie mit dem Daumen den Druckknopf am rechten Handgriff und ziehen Sie beide Handgriffe nach oben. Das Polster wird an den Oberkörper herangeführt. Neigen Sie Ihren Oberkörper samt Polster in die maximale Beugung und lassen Sie den Druckknopf los, damit der Hebelarm arretieren kann. Verschränken Sie Ihre Arme vor der Brust. Richten Sie Ihren Oberkörper langsam nach hinten auf, so weit es Ihnen möglich ist. Verharren Sie einen Moment und neigen Sie den Oberkörper langsam in die Ausgangsposition zurück.

Beanspruchte Muskeln

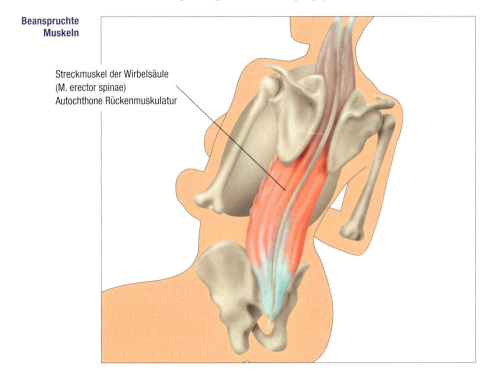

Streckmuskel der Wirbelsäule
(M. erector spinae)
Autochthone Rückenmuskulatur

F3 – Rückenstreckung (Lower Back)

Wichtig: Achten Sie darauf, dass Ihr Gesäß nicht vom Sitz abhebt.

119

Übungsbeschreibungen

G1 – Schulterheben (Neck & Shoulder)

Wählen Sie Ihr festgelegtes Trainingsgewicht. Stellen Sie die Sitzhöhe entsprechend Ihrer Körpergröße ein. Setzen Sie sich hin und führen Sie Ihre Unterarme zwischen die Polster. Die Handflächen zeigen nach oben, und der Rücken ist leicht gekrümmt. Richten Sie den Oberkörper auf und drücken Sie mit dem Handrücken leicht gegen das untere Polster, um den Unterarm zu stabilisieren.

Heben Sie die Schultern langsam an, so weit es Ihnen möglich ist. Verharren Sie kurz in dieser Position und senken Sie die Schultern langsam wieder in die Ausgangsposition. Wiederholen Sie die Übung, bis keine vollständige Bewegung mehr möglich ist.

Beanspruchte Muskeln

Trapezmuskel (M. trapezius), oberer Teil

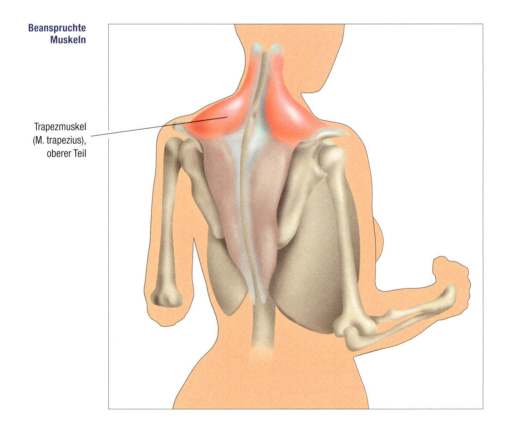

G1 – Schulterheben (Neck & Shoulder)

Wichtig: Alle Muskeln, mit Ausnahme des oberen Teils des Trapezmuskels, bleiben entspannt.

Übungsbeschreibungen

G3 – Halsbeugung seitwärts (4-Way Neck – Side)

Wählen Sie Ihr festgelegtes Trainingsgewicht. Stellen Sie Sitzhöhe, Oberkörper- und Kopfpolster entsprechend Ihrer Körpergröße ein. Setzen Sie sich mit Blick zur Maschine und legen Sie Ihren Kopf seitlich in das Polster. Achten Sie darauf, dass sich Ihr Oberkörper nicht mit zur Seite neigt. Umfassen Sie die Handgriffe zur Stabilisierung Ihres Oberkörpers.

Bewegen Sie Ihren Kopf gegen das Polster und drücken Sie es zur linken Seite. Bleiben Sie kurz in der gebeugten Position und gehen Sie dann langsam in die Ausgangsposition zurück. Achten Sie darauf, dass der Gewichtsstock nicht aufsetzt. Wiederholen Sie die Übung, bis keine vollständige Bewegung mehr möglich ist. Dann wechseln Sie Ihre Sitzposition und trainieren die andere Seite.

Beanspruchte Muskeln

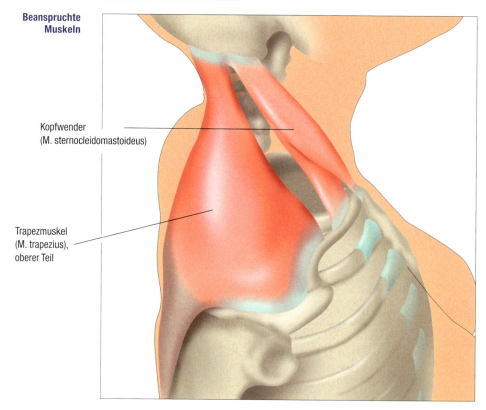

Kopfwender (M. sternocleidomastoideus)

Trapezmuskel (M. trapezius), oberer Teil

G3 – Halsbeugung seitwärts (4-Way Neck – Side)

Wichtig: Halten Sie die Schultern entspannt und pendeln Sie nicht mit dem Oberkörper hin und her.

Übungsbeschreibungen

G4 – Halsbeugung nach vorne (4-Way Neck – Front)

Wählen Sie Ihr festgelegtes Trainingsgewicht. Stellen Sie Sitzhöhe, Oberkörper- und Kopfpolster entsprechend Ihrer Körpergröße ein. Setzen Sie sich mit dem Rücken zum Oberkörperpolster in die Maschine. Legen Sie Ihr Gesicht in das Kopfpolster. Halten Sie die Handgriffe leicht umschlossen.

Beginnen Sie die Beugung nach vorne aus der gedehnten Position. Drücken Sie mit dem Kopf vorsichtig und langsam nach vorne. Verharren Sie einen Moment in dieser Position und gehen Sie dann langsam zurück in die Ausgangsposition. Achten Sie darauf, dass der Gewichtsstock nicht aufsetzt. Wiederholen Sie die Übung, bis keine vollständige Bewegung mehr möglich ist.

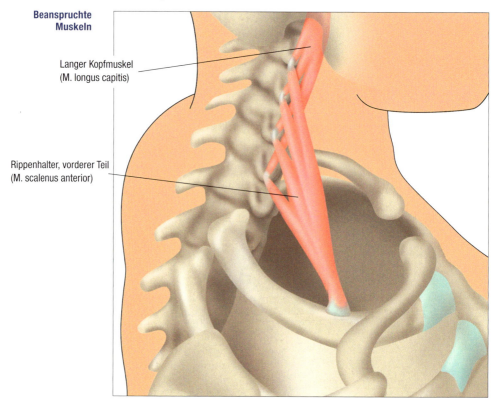

Beanspruchte Muskeln

Langer Kopfmuskel (M. longus capitis)

Rippenhalter, vorderer Teil (M. scalenus anterior)

G4 – Halsbeugung nach vorne (4-Way Neck – Front)

Wichtig: Senken Sie das Gewicht vorsichtig, wenn Sie in die Dehnung gehen. Der Oberkörper bleibt gerade, und die Schultern sind entspannt.

Übungsbeschreibungen

G5 – Nackenstreckung (4-Way Neck – Rear)

Wählen Sie Ihr festgelegtes Trainingsgewicht. Stellen Sie Sitzhöhe, Oberkörper- und Kopfpolster entsprechend Ihrer Körpergröße ein. Setzen Sie sich, mit der Brust am Oberkörperpolster lehnend, in die Maschine. Legen Sie Ihren Hinterkopf in das Polster. Fassen Sie die Handgriffe.

Beginnen Sie die Bewegung aus der gebeugten Position. Bewegen Sie den Kopf langsam nach hinten, während der Oberkörper in Kontakt mit dem Polster bleibt. Gehen Sie nicht weiter in die Streckung, als Ihnen verträglich ist. Verharren Sie einen Moment in dieser Position und gehen Sie dann langsam zurück in die Ausgangsposition, ohne das Gewicht abzusetzen. Wiederholen Sie die Übung, bis keine vollständige Bewegung mehr möglich ist.

Beanspruchte Muskeln

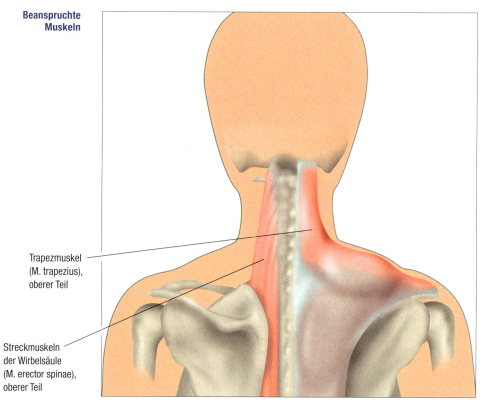

Trapezmuskel (M. trapezius), oberer Teil

Streckmuskeln der Wirbelsäule (M. erector spinae), oberer Teil

G5 – Nackenstreckung (4-Way Neck – Rear)

Wichtig: Arbeiten Sie mit den Nackenstreckmuskeln, nicht mit dem Rücken. Die Schultern bleiben entspannt.

Übungsbeschreibungen

H1 – Armbeugung (Bizeps)

Wählen Sie Ihr festgelegtes Trainingsgewicht. Stellen Sie die Sitzhöhe entsprechend Ihrer Körpergröße ein. Lehnen Sie sich leicht nach vorne und fassen Sie die Handgriffe. Die Ellbogen befinden sich zwischen den beiden Polstern. Stellen Sie Ihre Füße gerade auf den Boden, nicht unter den Sitz. Beugen Sie Ihre Arme so weit wie möglich. Verharren Sie kurz in dieser Position. Gehen Sie langsam in die Ausgangsposition zurück. Achten Sie darauf, dass der Gewichtsstock nicht aufsetzt. Wiederholen Sie, bis keine vollständige Bewegung mehr möglich ist.

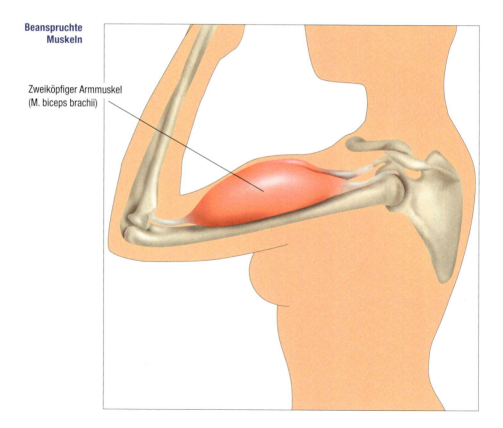

Beanspruchte Muskeln

Zweiköpfiger Armmuskel (M. biceps brachii)

H1 – Armbeugung (Bizeps)

Wichtig: Ober- und Unterarme bleiben auf den Polstern; die Handgelenke sind gestreckt.

Übungsbeschreibungen

H2 – Armstreckung (Trizeps)

Wählen Sie Ihr festgelegtes Trainingsgewicht. Stellen Sie Sitzhöhe und Griffe entsprechend Ihrer Körpergröße ein. Setzen Sie sich in die Maschine und fixieren Sie Ihre Schultern mit dem Schulterpolster.

Fassen Sie die Handgriffe und strecken Sie Ihre Arme nach hinten, so weit es Ihnen möglich ist. Verharren Sie kurz in dieser Position. Gehen Sie langsam in die Ausgangsposition zurück, ohne das Gewicht abzusetzen. Wiederholen Sie die Übung, bis keine vollständige Bewegung mehr möglich ist.

Beanspruchte Muskeln

Dreiköpfiger Armmuskel (M. triceps brachii)

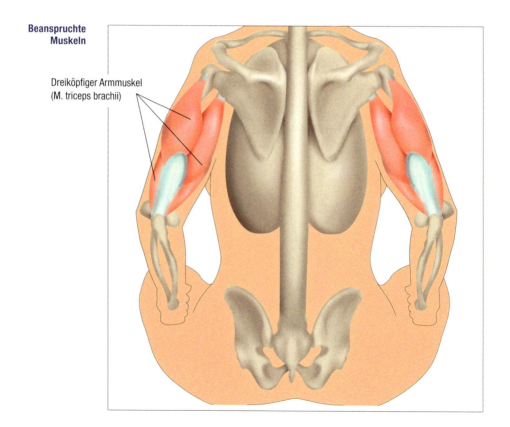

H2 – Armstreckung (Trizeps)

Wichtig: Die Unterarme bleiben an den Polstern.

Übungsbeschreibungen

H3 – Handdrehung nach innen (Wrist Pronation)

Wählen Sie Ihr festgelegtes Trainingsgewicht. Stellen Sie die Sitzhöhe entsprechend Ihrer Körpergröße ein. Drehen Sie die geöffnete Seite der Handgriffe bis zum Anschlag zur Mitte der Maschine. Lehnen Sie sich leicht nach vorne und fassen Sie die Griffe mit dem Handrücken nach unten.

Drehen Sie beide Griffe so weit wie möglich nach innen. Verharren Sie kurz in dieser Position. Gehen Sie langsam in die Ausgangsposition zurück, ohne das Gewicht abzusetzen. Wiederholen Sie, bis keine vollständige Bewegung mehr möglich ist.

Beanspruchte Muskeln

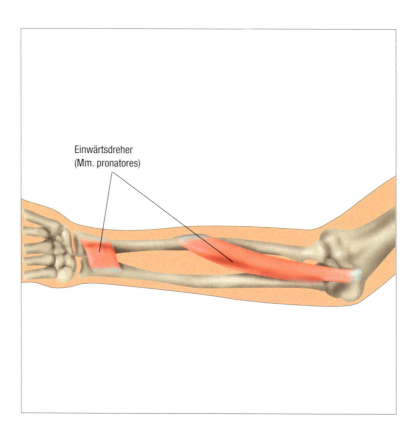

Einwärtsdreher (Mm. pronatores)

H3 – Handdrehung nach innen (Wrist Pronation)

Wichtig: Die Unterarme bleiben auf den Polstern.

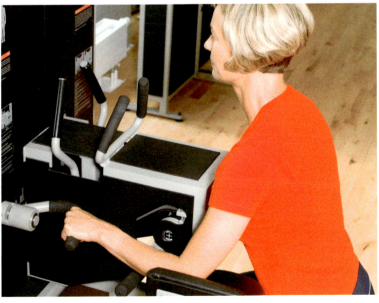

Übungsbeschreibungen

H4 – Handdrehung nach außen (Wrist Supination)

Wählen Sie Ihr festgelegtes Trainingsgewicht. Stellen Sie die Sitzhöhe entsprechend Ihrer Körpergröße ein. Drehen Sie die offene Seite der Handgriffe bis zum Anschlag nach außen. Lehnen Sie sich leicht nach vorne und fassen Sie die Griffe mit dem Handrücken nach oben.

Drehen Sie die Hände so weit wie möglich nach außen. Verharren Sie kurz in dieser Position. Gehen Sie langsam in die Ausgangsposition zurück, ohne das Gewicht abzusetzen. Wiederholen Sie, bis keine vollständige Bewegung mehr möglich ist.

Beanspruchte Muskeln

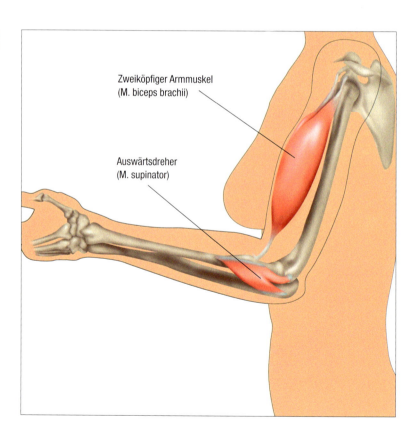

Zweiköpfiger Armmuskel (M. biceps brachii)

Auswärtsdreher (M. supinator)

H4 – Handdrehung nach außen (Wrist Supination)

Wichtig: Die Unterarme bleiben auf den Polstern.

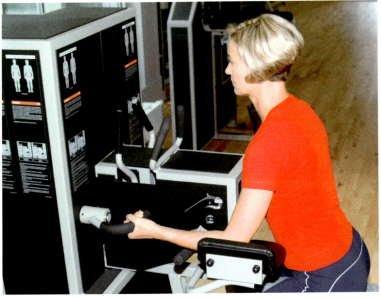

Übungsbeschreibungen

H5 – Beugung im Handgelenk (Wrist Curl)

Wählen Sie Ihr festgelegtes Trainingsgewicht. Stellen Sie die Sitzhöhe entsprechend Ihrer Körpergröße ein. Lehnen Sie sich leicht nach vorne und fassen Sie die Handgriffe mit dem Handrücken nach unten. Die Daumen befinden sich unter den Griffen. Achten Sie darauf, dass sich Ihr Handgelenk auf einer Linie mit dem Drehpunkt des Hebelarmes befindet.

Beugen Sie die Hand im Handgelenk nach oben, so weit es Ihnen möglich ist. Verharren Sie kurz in dieser Position. Senken Sie die Hände in die Ausgangsposition, ohne das Gewicht abzusetzen. Wiederholen Sie die Übung, bis keine vollständige Bewegung mehr möglich ist.

Beanspruchte Muskeln

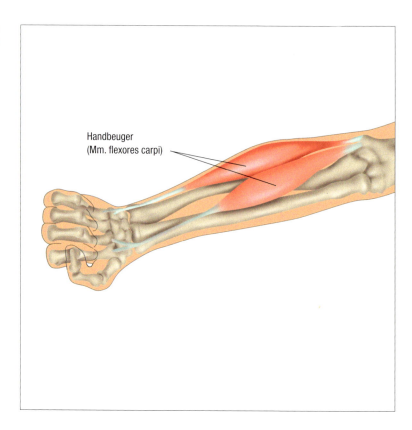

H5 – Beugung im Handgelenk (Wrist Curl)

Wichtig: Die Unterarme bleiben auf den Polstern.

Übungsbeschreibungen

H6 – Streckung im Handgelenk (Reverse Wrist Curl)

Wählen Sie Ihr festgelegtes Trainingsgewicht. Stellen Sie die Sitzhöhe entsprechend Ihrer Körpergröße ein. Lehnen Sie sich leicht nach vorne und fassen Sie die Handgriffe mit dem Handrücken nach oben.

Strecken Sie die Hände im Handgelenk nach oben, so weit es Ihnen möglich ist. Verharren Sie kurz in dieser Position. Gehen Sie langsam in die Ausgangsposition zurück, ohne das Gewicht abzusetzen. Wiederholen Sie die Übung, bis keine vollständige Bewegung mehr möglich ist.

Beanspruchte Muskeln

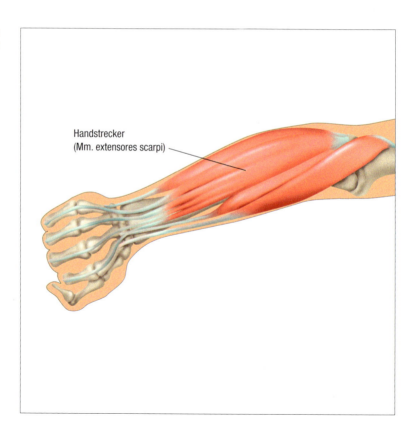

Handstrecker (Mm. extensores scarpi)

H6 – Streckung im Handgelenk (Reverse Wrist Curl)

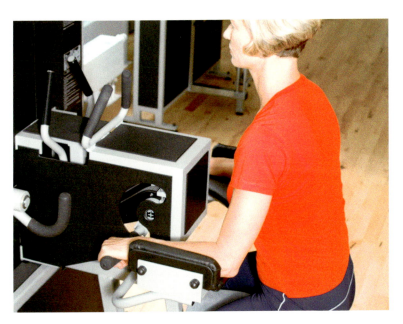

Wichtig: Die Unterarme bleiben auf den Polstern.

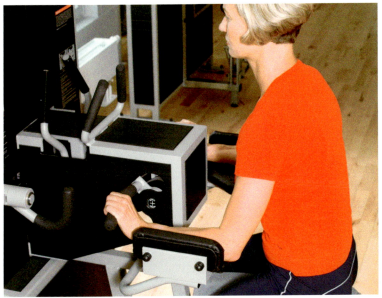

Übungsbeschreibungen

H7 – Fingerbeugung (Hand Grip)

Wählen Sie Ihr festgelegtes Trainingsgewicht. Stellen Sie die Sitzhöhe entsprechend Ihrer Körpergröße ein. Umfassen Sie die hinteren beweglichen Handgriffe und führen Sie diese so weit an die fixierten vorderen Griffe heran, dass Sie mit den Daumen die Griffe umfassen können. Daumen und Hände umschließen die Griffe. Bleiben Sie kurz in der kontrahierten Position. Gehen Sie langsam in die Ausgangsposition zurück. Wiederholen Sie die Übung, bis keine vollständige Bewegung mehr möglich ist.

Beanspruchte Muskeln

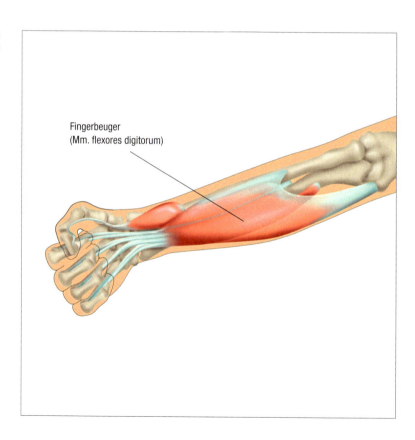

Fingerbeuger
(Mm. flexores digitorum)

H7 – Fingerbeugung (Hand Grip)

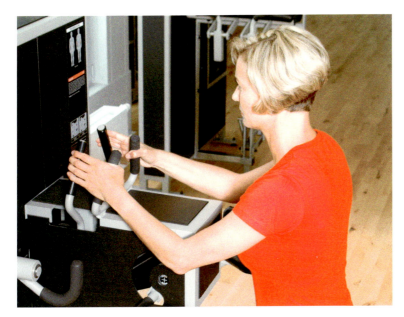

Wichtig: Achten Sie darauf, dass Ihre Hände trocken sind.

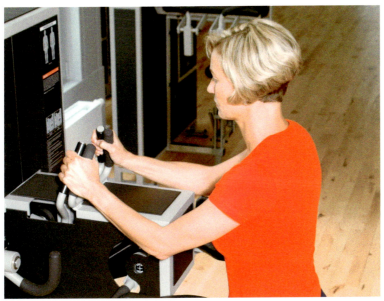

Übungsbeschreibungen

J1 – Fersenheben (Calf Standing)

Stellen Sie den Turmaufbau entsprechend Ihrer Körpergröße ein. Steigen Sie mit den Fußballen so auf die unterste Stufe, dass die Fersen frei bleiben. Halten Sie sich an der frontalen Barrenstange fest.

Heben Sie die Fersen, bis Sie auf den Zehen stehen. Verharren Sie kurz in dieser Position. Senken Sie die Fersen langsam so tief wie möglich. Wiederholen Sie die Übung, bis keine vollständige Bewegung mehr möglich ist.

Die Übung kann auch auf einem Fuß ausgeführt werden, wodurch sich die Belastung auf den Wadenmuskel verdoppelt. Ebenso ist eine Belastungssteigerung durch den Zusatzgurt möglich.

Beanspruchte Muskeln

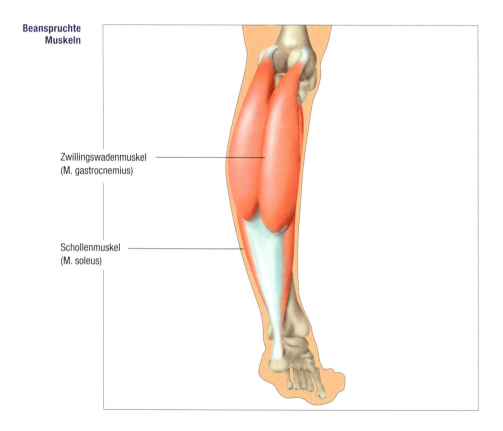

Zwillingswadenmuskel (M. gastrocnemius)

Schollenmuskel (M. soleus)

J1 – Fersenheben (Calf Standing)

Wichtig: Oberkörper und Beine bilden eine Linie. Achten Sie auf vollständige Dehnung.

Übungsbeschreibungen

J2 – Klimmzug vorne (Front Chin)

Stellen Sie den Turmaufbau entsprechend Ihrer Körpergröße ein und bringen Sie die Klimmzugstange in die vordere Position. Steigen Sie auf den obersten Tritt und fassen Sie die Klimmzugstange schulterbreit im Untergriff. Senken Sie langsam Ihren Körper, bis Ihre Arme vollständig gestreckt sind. Die Knie sind dabei angewinkelt. Ziehen Sie sich langsam wieder in die Ausgangsposition und verharren Sie kurz. Wiederholen Sie, bis keine vollständige Bewegung mehr möglich ist.

Negativ-Variante (vgl. Seite 146f.): Führen Sie lediglich den ersten Teil der Übung aus, das Herunterlassen Ihres Körpers in die gestreckte Position. Diese Bewegung sollte etwa zehn Sekunden dauern. Steigen Sie danach wieder hoch und wiederholen Sie, bis keine vollständige Bewegung mehr möglich ist. Durch einen Zusatzgurt können Sie die Belastung steigern.

Beanspruchte Muskeln

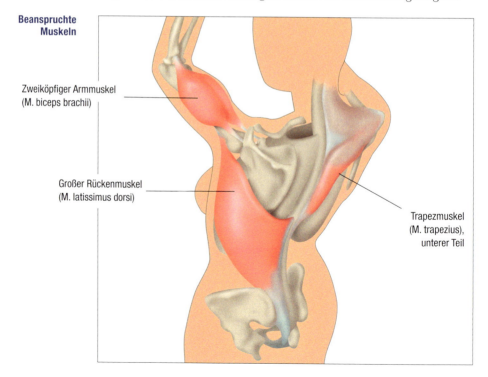

Zweiköpfiger Armmuskel (M. biceps brachii)

Großer Rückenmuskel (M. latissimus dorsi)

Trapezmuskel (M. trapezius), unterer Teil

J2 – Klimmzug vorne (Front Chin)

Wichtig: Vermeiden Sie, dass Ihr Körper hin und her pendelt. Die Hüfte bleibt gestreckt.

Übungsbeschreibungen

J3 – Klimmzug seitlich (Parallel Chin)

Stellen Sie den Turmaufbau entsprechend Ihrer Körpergröße ein. Klappen Sie die Querstange zurück. Stellen Sie sich auf den obersten Tritt und fassen Sie die seitlichen Klimmzugstangen mit dem Handrücken nach außen. Senken Sie langsam Ihren Körper, bis Ihre Arme vollständig gestreckt sind. Die Knie sind dabei angewinkelt. Ziehen Sie sich wieder nach oben in die Ausgangsposition und verharren Sie kurz. Wiederholen Sie die Übung, bis keine vollständige Bewegung mehr möglich ist.

Negativ-Variante (vgl. S. 144f.): Führen Sie lediglich den ersten Teil der Übung aus, das Herunterlassen Ihres Körpers in die gestreckte Position. Diese Bewegung sollte etwa zehn Sekunden dauern. Steigen Sie danach wieder hoch und wiederholen Sie, bis keine vollständige Bewegung mehr möglich ist. Durch einen Zusatzgurt können Sie die Belastung steigern.

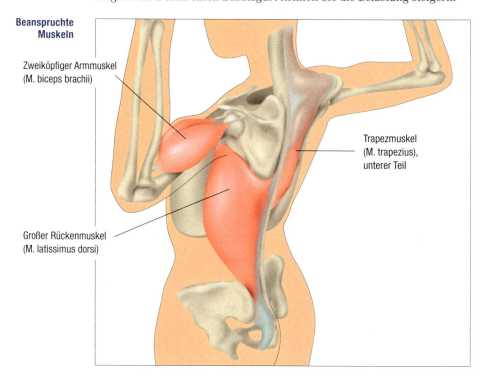

Beanspruchte Muskeln

- Zweiköpfiger Armmuskel (M. biceps brachii)
- Trapezmuskel (M. trapezius), unterer Teil
- Großer Rückenmuskel (M. latissimus dorsi)

J3 – Klimmzug seitlich (Parallel Chin)

Wichtig: Achten Sie darauf, dass die Ellbogen nicht nach vorne kommen. Die Hüfte bleibt gestreckt.

Übungsbeschreibungen

J4 – Barrenstütz (Dip)

Stellen Sie den Turmaufbau entsprechend Ihrer Körpergröße ein. Klappen Sie die Querstange zurück und steigen Sie auf den obersten Tritt. Stützen Sie sich mit den Armen auf die seitlichen Barrenstützgriffe. Senken Sie sich langsam, indem Sie die Arme beugen und die Knie angewinkelt halten, bis Sie die Position vollständiger Dehnung erreicht haben. Bringen Sie Ihren Körper wieder in die Ausgangsposition, strecken Sie aber die Ellbogen nicht vollständig durch. Verharren Sie kurz in dieser Position. Wiederholen Sie die Übung, bis keine vollständige Bewegung mehr möglich ist.

Negativ-Variante: Führen Sie lediglich den ersten Teil der Übung aus, das Herunterlassen Ihres Körpers in die gedehnte Position. Diese Bewegung sollte etwa zehn Sekunden dauern. Steigen Sie danach wieder hoch und wiederholen Sie, bis keine vollständige Bewegung mehr möglich ist.

Beanspruchte Muskeln

Trapezmuskel (M. trapezius), unterer Teil

Dreiköpfiger Armmuskel (M. triceps brachii))

Großer Brustmuskel (M. pectoralis major)

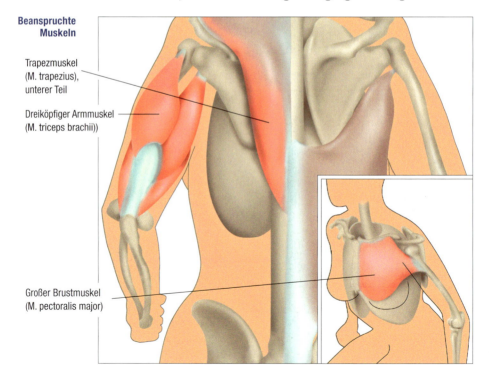

J4 – Barrenstütz (Dip)

Wichtig: Achten Sie darauf, dass die Ellbogen nicht nach hinten ausweichen.

Übungsbeschreibungen

J5 – Armstreckung stehend (Triceps Extension)

Wählen Sie Ihr festgelegtes Trainingsgewicht. Befestigen Sie das Seil am Bewegungsarm der Maschine. Fassen Sie mit beiden Händen das Seil und stellen Sie sich in Schrittstellung mit dem Rücken zur Maschine. Neigen Sie Ihren Körper leicht nach vorne, damit sich die Gewichtsplatten etwas abheben.

Strecken Sie die Arme in einer gleitenden Bewegung, bis sie fast vollständig gestreckt sind. Verharren Sie kurz in dieser Position. Gehen Sie langsam in die Ausgangsposition zurück. Wiederholen Sie die Übung, bis keine vollständige Bewegung mehr möglich ist.

Beanspruchte Muskeln

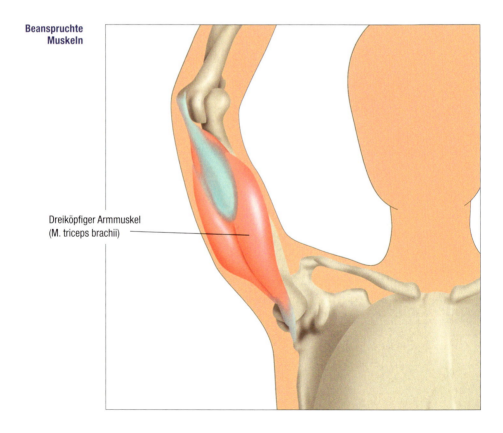

Dreiköpfiger Armmuskel (M. triceps brachii)

J5 – Armstreckung stehend (Triceps Extension)

Wichtig: Der Oberkörper, das Becken und das hintere Bein bilden eine Linie.

Übungsbeschreibungen

J9 – Seitbeuge (Side Bend)

Wählen Sie Ihr festgelegtes Trainingsgewicht. Befestigen Sie den Handgriff am Hebelarm der Maschine. Stellen Sie sich seitlich zur Maschine und fassen Sie den Griff. Stehen Sie gerade. Legen Sie die andere Hand an Ihren Hinterkopf. Beugen Sie sich seitlich zur Maschine in die Ausgangsposition.

Bewegen Sie den Oberkörper zur anderen Seite, so weit es Ihnen möglich ist. Verharren Sie kurz in dieser Position. Gehen Sie langsam in die Ausgangsposition zurück. Wiederholen Sie die Übung, bis keine vollständige Bewegung mehr möglich ist. Trainieren Sie anschließend die andere Seite.

Beanspruchte Muskeln

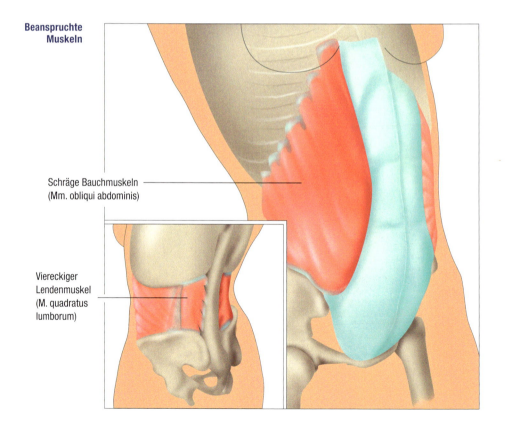

Schräge Bauchmuskeln (Mm. obliqui abdominis)

Viereckiger Lendenmuskel (M. quadratus lumborum)

J9 Seitbeuge (Side Bend)

Wichtig: Beugen Sie sich seitlich, nicht nach vorne oder nach hinten. Pendeln Sie nicht hin und her, das Becken und die Beine bleiben stabil. Der Drehpunkt muss sich oberhalb des Beckens befinden. Der Schultergürtel ist entspannt.

Programme und Methoden

Das Krafttraining lässt sich ganz auf Ihre Bedürfnisse abstimmen: Ist Ihr Kraftpotenzial ausgeschöpft, können Sie auf das Erhaltungsprogramm umsteigen. Und zu therapeutischen Zwecken empfiehlt sich die Ausarbeitung eines individuellen Spezialprogramms.

Programmvarianten

Das Studium dieses Kapitels soll Ihre sorgfältige Einführung an den Trainingsmaschinen durch eine ausgebildete Instruktorin oder einen Instruktor unterstützen, keinesfalls aber ersetzen. Die Instruktion muss sich auf das Wesentliche beschränken, denn Sie sollen möglichst bald dazu in der Lage sein, selbstständig zu trainieren. Es kann deshalb Ihrem Fortschritt nur förderlich sein, wenn Sie auch über die Grundlagen der Programmgestaltung Bescheid wissen.

Normalprogramme

Das gesamte Spektrum des Kieser Training-Systems umfasst zurzeit 41 Übungen. Die Gestaltung eines Trainingsprogramms ist ein Optimierungsproblem. Zum einen soll mit dem Programm möglichst der ganze Bewegungsapparat erfasst werden, zum andern muss der Trainingsumfang so gering wie möglich ausfallen, weil mit zunehmendem Umfang die Intensität und damit der Trainingseffekt abnimmt.

Es geht also darum, mit möglichst wenigen Übungen möglichst viel zu erreichen. Die Reserven, die Ihrem Körper bei einem Training zur Verfügung stehen, sind beschränkt. Der Adrenalinschub, den Sie mit dem Training auslösen, hält höchstens 40 Minuten vor. Wenn Sie mit hoher Intensität trainieren – was Sie sollten – hält der Adrenalinschub noch kürzer vor. Es ist daher wichtig, sich auf wenige ausgesuchte Übungen zu konzentrieren. Als generelle Richtlinie kann von zehn Übungen pro Training ausgegangen werden.

> Das Trainingsprogramm sollte immer mit den großen Muskelgruppen an Gesäß und Beinen beginnen. Vom Trainingsprogramm der großen Muskeln profitieren auch die kleinen, aber nicht umgekehrt.

Der Ausbreitungseffekt

Wenn ein Muskel durch Training an Kraft gewinnt, verzeichnen auch die umliegenden, nicht trainierten Muskeln eine – wenn auch geringere – Kraftzunahme. Der Effekt ist vor allem beim Training großer Muskelgruppen (Hüft- und Beinmuskulatur) offensichtlich.

Selbst ein lokaler Trainingsreiz stimuliert letztendlich den gesamten Körper, da über den Hormonhaushalt eine Art Wachstums-»Mobilmachung« ausgelöst wird, die auch auf andere, nicht direkt beteiligte Muskeln übergreift.

Programme und Methoden

Die Übungsreihenfolge

Dieser Ausbreitungseffekt ist der Grund dafür, dass die Übungen innerhalb eines Programms in einer bestimmten Reihenfolge vorgesehen sind – von den großen zu den kleinen Muskeln. Das heißt Gesäß-, Oberschenkel-, Bauch- und untere Rückenmuskulatur werden vor den oberen Rücken-, Brust- und Schultermuskeln, den Muskeln der Oberarme, des Halses sowie der Unterschenkel und Unterarme trainiert, da zu diesem Zeitpunkt noch reichlich Energie vorhanden ist und diese primär in den großen Muskeln besser »investiert« ist.

Korrekturübungen

Die fünf Korrektoren sind die Basisübungen für jedes Trainingsprogramm. Sie bringen Dsybalancen wieder ins Lot, verbessern die Beweglichkeit und eignen sich besonders nach längeren Trainingspausen zum Wiedereinstieg.

Es gibt fünf Übungen, die als »Korrektoren« bezeichnet werden können und die aus gesundheitlicher Sicht bedeutsam sind, weil sie Dysbalancen bereinigen und Ihre Beweglichkeit verbessern bzw. wieder herstellen. Ihr Trainingsprogramm darf jedoch ohne weiteres acht bis zehn Übungen enthalten. Welche weiteren Übungen in Ihrem Falle sinnvoll sind, sollten Sie mit der Instruktrorin oder dem Instruktor bzw. der Ärztin/dem Arzt in Ihrem Kieser Training-Betrieb besprechen. Oft spielen therapeutische, kosmetische oder sportliche Gesichtspunkte bei der Übungsauswahl eine Rolle. Diese können Sie als willkommene Motivatoren in das Programm einbeziehen. Die fünf Korrektoren sind auch ideal in den ersten zwei Wochen als »Wiedereinstieg« nach längerer Absenz. Danach können Sie Ihr normales Trainingsprogramm wieder aufnehmen.

Die fünf Korrektoren:
- A1 Streckung im Hüftgelenk (Hip Extension, Seite 72)
- B1 Streckung im Kniegelenk (Leg Extension, Seite 80)
- B5 (oder B7) Beugung im Kniegelenk (Leg Curl, Seite 82)
- C1 Überzug (Pullover, Seite 90)
- F1 Rumpfdrehung (Rotary Torso, Seite 114)

Erhaltungsübungen

Aus zwei Gründen können Sie mit der Steigerung der Gewichte aufhören: Entweder Sie können nicht mehr, weil Sie Ihr genetisches Potenzial an

Alternativmethoden: »Negativ« und »Halbnegativ«

Kraftzuwachs ausgeschöpft haben. Oder Sie wollen nicht mehr, weil Sie finden, dass Ihr Kraftpensum nun ausreicht.

In beiden Fällen ist es wichtig, das erreichte Kraftniveau mit dem geringsten Aufwand zu erhalten. Dies ist leicht möglich. Ein Erhaltungsprogramm beschränkt sich weitgehend auf Mehrgelenkübungen, da die Kraftkurven ja bereinigt sind.

Die fünf »Erhalter«:
- B6 Beinpressen (Leg Press, Seite 84)
- E3 Drücken (Overhead Press, Seite 108)
- C3 Armzug (Torso Arm, Seite 92)
- D7 Barrenstütz (Seated Dip, Seite 102)
- F1 Rumpfdrehung (Torso Rotation, Seite 114)

Spezialprogramme

Sie können Ihr Programm auch auf enger definierte Zwecke ausrichten. Dies betrifft vor allem die therapeutischen Programme, z.B. zur Behandlung chronischer Rücken- oder Nackenschmerzen, aber auch Programme zur Vorbereitung oder Ergänzung bestimmter Sportarten, bei körperlicher Behinderung und zur Rehabilitation, z.B. nach Operationen. Solche Programme werden individuell erstellt und vom Arzt im Hinblick auf kontraindizierte Übungen überprüft. Spezialprogramme sind aber stets als vorübergehende Lösung zu betrachten. Sobald der Zweck des Programms erreicht ist – z.B. Schmerzfreiheit bei den therapeutischen Programmen – sollte wieder nach dem Normalprogramm trainiert werden.

Alternativmethoden: »Negativ« und »Halbnegativ«

Jener Teil einer Übung, bei dem sich das Gewicht senkt, wird als »negativ« (im Wissenschaftsjargon »exzentrisch«) bezeichnet. Obwohl der negative Teil – das Senken des Gewichts – nur etwa 16 Prozent der Energie bedarf, wie der positive Teil, das Heben, verfügt der Muskel dabei über eine bis 40 Prozent höhere Kraft. Das Phänomen ist wissenschaftlich noch immer nicht ausreichend geklärt, was jedoch kein Hinderungsgrund ist, es zu

Wie stark der einzelne Muskel wachsen kann, ist genetisch festgelegt. Sollten Sie in einer bestimmten Region (z.B. Arme und Schultern) keinen Muskelzuwachs mehr wünschen, können Sie das Gewicht jedoch schon vor dieser Grenze einfrieren.

Programme und Methoden

nutzen. Reines Negativ-Training ist bei zwei Übungen einfach zu bewerkstelligen: Barrenstütz (Seated Dip) und Klimmzug vorne (Front Chin). Bei beiden Übungen vermeiden Sie die positive Arbeit, indem Sie sich über die Treppe an der Maschine in die Ausgangsposition begeben. Dann senken Sie Ihren Körper während zehn Sekunden kontrolliert bis in die tiefste Position.

Steigen Sie wieder in die Ausgangsposition und wiederholen Sie die Übung. Der Widerstand – in diesem Fall das Körpergewicht und bei Fortgeschrittenen noch eine Zusatzlast – ist dann richtig, wenn Sie sechs Wiederholungen schaffen, ohne die Kontrolle zu verlieren, d.h. ohne dass Sie »absacken«.

Wenn sie neun Wiederholungen korrekt schaffen, verwenden Sie ein Zusatzgewicht, das etwa 5 Prozent von Ihrem Körpergewicht beträgt.

Beide Übungen sind sehr anstrengend und setzen einen hohen Trainiertheitsgrad voraus. Eine für die meisten realistischere Alternative stellt das Halbnegativ-Training dar. Dieses können Sie an allen Maschinen durchführen, die keine separaten Hebelarme aufweisen. Stellen Sie die Maschine auf etwa drei Viertel Ihres üblichen, d.h. Positiv-Negativ-Trainings ein. Führen Sie den positiven Teil mit beiden Armen bzw. Beinen aus, den negativen jedoch nur mit einem Arm bzw. Bein. Auch hier soll das Senken des Gewichts etwa zehn Sekunden betragen. Am Beispiel der Übung Beinstrecken (Leg Extension) sieht das so aus:

Wenn Ihr Trainingsgewicht normalerweise 120 Pfund beträgt, stellen Sie die Maschine auf 80 Pfund ein. Die positive Bewegung führen Sie normal mit beiden Beinen aus, die negative jedoch nur mit einem. Wechseln Sie bei jeder Wiederholung zwischen dem rechten und dem linken Bein, oder führen Sie alle Wiederholungen für das eine Bein hintereinander aus und wechseln dann zum andern Bein. Der Effekt bleibt derselbe.

> **Die Negativ-Methode eignet sich besonders für Herzpatienten, bei denen eine unnötige Steigerung der Pulsfrequenz vermieden werden muss.**

Ideal für Herzpatienten

Mit der Negativ- und der Halbnegativ-Methode erreichen Sie einen sehr hohen Spannungsreiz, ohne die Pulsfrequenz maßgeblich zu erhöhen. Deshalb wird die Negativmethode auch bei Herzpatienten eingesetzt.

Die Erfahrung zeigt, dass die Methode individuell unterschiedlich effektiv sein kann.

Sie ist aber in folgenden Fällen die Methode der Wahl:

- Wenn Sie schon einen hohen Trainiertheitsgrad erreicht haben und eine weitere Steigerung wünschen, diese jedoch mit dem normalen Training nicht erreicht haben.
- Wenn partielle Lähmungserscheinungen vorliegen. Oft kann der Patient negativ noch Widerstand aufbieten, positiv jedoch nicht mehr.
- In der Rehabilitation. Interessanterweise verursacht negative Spannung weniger oder keine Schmerzen in Fällen, wo positives Training wegen Schmerzen unmöglich ist.
- Bei Herzpatienten, für die eine Erhöhung des Energieverbrauchs bzw. der Pulsfrequenz nicht erwünscht ist.

Die Kraft steigern – bis wann?

Wie stark sollen Sie werden? Die Befürchtung, »zu viele« Muskeln zu entwickeln, also das ästhetische Maß zu überschreiten, beschäftigt naturgemäß eher Frauen als Männer.

Das Wachstum ist jedoch begrenzt. Es gibt für jeden Ihrer Muskeln eine individuelle Höchstgrenze, sowohl für das Wachstum, wie auch für seine durch Training erreichbare Kraft.

Die wissenschaftliche Bezeichnung für die maximal erreichbare Muskelkraft ist »Grenzkraft«. Diese Höhe der Trainierbarkeit ist endgültig. Hier angelangt, hat die »Schwerarbeit« ein Ende. Die erreichte Kraft und damit auch das erzielte äußere Erscheinungsbild kann mit geringem Aufwand für eine attraktive Zukunft erhalten werden (siehe auch Kapitel »Die Kraft erhalten« auf Seite 56).

Es geht also darum, möglichst bald in die Erhaltungszone zu gelangen. Ist das Ziel die Grenzkraft, ist die Bestimmung denkbar einfach: Bei jenen Übungen, bei denen drei bis vier Wochen lang keine Steigerung der Gewichte bzw. Übungsdauer mehr möglich war, ist die Grenzkraft erreicht und damit das Signal gegeben, ab diesem Zeitpunkt auf das Erhaltungsprogramm umzustellen.

Dies gilt jedoch nur für die betreffende Übung bzw. die damit trainierten Muskeln. Je nach Zustand des Muskels bei Aufnahme des Trainings dauert es mehr oder weniger lange, bis seine Grenzkraft erreicht ist.

Wenn Sie mit dem normalen Training keine Leistungssteigerung mehr erzielen, kann ein Versuch mit der Halbnegativ-Methode erfolgreich sein.

Programme und Methoden

Wie viel Kraft brauchen Sie überhaupt? Und wie viel Zuwachs an Muskelmasse trägt positiv zu Ihrem Erscheinungsbild bei? Mit der Kraft verhält es sich wie mit dem Geld: Wenn man zu wenig hat, ist man eingeschränkt. Wenn man reichlich hat, lebt es sich angenehm. Hat man es im Überfluss, trägt es nicht mehr viel zur Lebensqualität bei, es zieht jedoch zunehmend Aufmerksamkeit ab.

Anders sieht es bei den Muskeln aus. Hat man zu dünne Muskeln, fehlt die Form im wahrsten Sinne des Wortes. Der Mensch wirkt eingefallen, krank, alles »hängt«. Fatal wird es, wenn sich zu diesem Bild noch Fettleibigkeit hinzugesellt. »Formen« sind dann da, aber am falschen Ort. Die Kombination von Muskelschwäche und Fettleibigkeit ist in der Tat eine drastische Verschlechterung der Lebensbedingungen. Abgesehen von der unattraktiven Erscheinung verändert sich das Verhältnis von Kraft und Körpergewicht dramatisch: Man trägt schwerer an sich, die Erde zieht einen hinab.

> **Die genetische Wachstumsgrenze muss nicht bei jedem Muskel ausgereizt werden.**

Zu viel Kraft gibt es nicht

Schließlich kann man fragen: Wie viel Schwäche kann man sich leisten? Wo wird Muskelschwäche pathologisch? Ein »Zuviel« an Kraft gibt es nicht: Überdurchschnittliche Kräfte sind Reserven, die verhindern, dass Sie jede größere Anstrengung umwirft. Reserven aber auch, die Sie davor bewahren, nach Rückenbelastungen gleich in die Schmerzzone abzusinken. Da wir heute wissen, dass chronische Rückenschmerzen meist auf die Schwäche der unteren Rückenmuskeln zurückzuführen sind, ist es in jedem Fall besser, »zu stark« als zu schwach zu sein. Es ist aber nicht notwendig, und in einigen wenigen Fällen extremer genetischer Dispositionen auch nicht vernünftig, das genetische Potenzial eines jeden Muskels auszuschöpfen.

Für Sie ist es wichtig, zu wissen, dass es solche Limits gibt und dass Sie, wenn Sie nach mehreren Wochen keine Steigerung mehr erzielen, diese Limits höchstwahrscheinlich erreicht haben. Wenn sie regelmäßig trainieren, das Trainingsgewicht entsprechend den Trainingsprinzipien kontinuierlich steigern, keine Rückfälle durch Krankheiten erleiden und weder unter Ernährungsmängeln noch unter Schlafdefiziten leiden, haben Sie die Grenzkraft nach 18 bis 24 Monaten erreicht.

Wozu sind Maschinen nötig?

Es liegt an Ihnen, zu entscheiden, wann es genug ist. Diese Entscheidung muss nicht alle Muskeln betreffen. Wenn Sie beispielsweise feststellen, dass Ihre Wadenmuskeln nicht mehr kräftiger werden sollen, dann »frieren« Sie nicht nur das Trainingsgewicht ein, sondern gehen sogar etwas mit der Belastung zurück, da die reine Erhaltung der erworbenen Kraft und Muskelmasse keine Anstrengungen »bis zur Erschöpfung« mehr erfordert (vgl. Kapitel »Die Kraft erhalten« ab Seite 56).

Während das Aufbautraining anstrengend und nicht unbedingt angenehm ist, gilt dies nicht mehr für die Erhaltung. Diese Trainingsform, die Sie nach spätestens zwei Jahren erreichen sollten, ist durchaus angenehm und in keiner Weise ermüdend. Im Gegenteil: Zahllose Berichte und meine eigene Erfahrung zeigen, dass gerade geistig (z.B. bei Schriftstellern) oder feinmotorisch (z.B. bei Musikern) anspruchsvolle Arbeit leichter von der Hand geht, wenn ihr unmittelbar ein solches Erhaltungstraining vorangegangen ist. Dies mag damit zusammenhängen, dass Muskelspannungen eine Art »Weckreiz« auf das Hirn ausüben, was im Hinblick auf die ursprüngliche Bedeutung von Muskelspannung – Angriff oder Flucht – leicht nachvollziehbar ist.

Wozu sind Maschinen nötig?

Die erste physiologisch »richtige« Trainingsmaschine wurde von dem Arzt Dr. Max Herz entwickelt. Er ließ um die Jahrhundertwende nach eigenen Plänen Maschinen für die Krankengymnastik anfertigen. Diese wiesen einen Widerstand auf, der auf die Bewegung des Trainierenden reagierte – und zwar in der Weise, wie sich dessen Kraft während der Bewegung veränderte. Herz war sich bewusst, dass die Kraft nur in jenem Gelenkwinkel zunimmt, in dem die Muskelspannung überschwellig wird. Er erkannte aber auch, dass es erforderlich ist, die Kraft über den ganzen Gelenkwinkel zu entwickeln. Herz hatte die Kraftkurven an den verschiedenen Gelenken des menschlichen Körpers ermittelt, aufgezeichnet und mechanisch umgesetzt, indem er einem exzentrischen Rad das Drehmoment der zu bewegenden Kurbel in den unterschiedlichen Gelenkwinkeln vorgab. Die Idee von Herz ging in den Wirren des Ersten Weltkriegs verloren, weil das Geld fehlte und andere Prioritäten im Vordergrund standen.

> **Der Arzt Dr. Max Herz entwickelte bereits um die Jahrhundertwende die erste physiologisch richtige Trainingsmaschine für die Krankengymnastik.**

Programme und Methoden

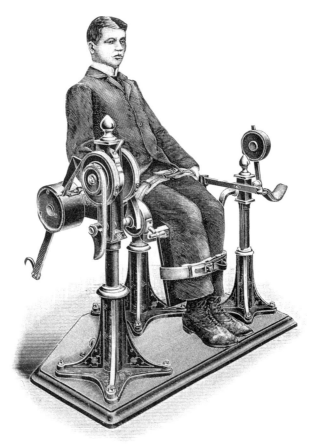

Das Beinstreckbeugegerät von Dr. Max Herz, gebaut gegen Ende des 19. Jahrhunderts, ist eines der ersten Trainingsgeräte, dessen Widerstand sich während der Bewegung der natürlichen Kraftkurve entsprechend ändert.

Im Jahr 1972 entwickelte der Amerikaner Arthur Jones ein Trainingsgerät, das auf der Idee von Herz basierte, ohne dass Jones je von Herz gehört hatte. Jones erfand die »Pullover«-Maschine, ein Gerät zum isolierten Training des großen Rückenmuskels. Im Gegensatz zu den bisher für diesen Muskel verwendeten Übungen wie Klimmzügen, Zugapparaten oder Ruderübungen setzte die Pullover-Maschine den Widerstand direkt am Oberarmknochen an, der vom großen Rückenmuskel bewegt wird. Damit wurde zum ersten Mal ein direktes, nicht durch vorgelagerte schwächere Muskeln (z.B. den Bizeps) beeinträchtigtes Training dieses wichtigen Muskels möglich.

Wozu sind Maschinen nötig?

Unter dem Markennamen *Nautilus* wurden Jones' Maschinen in den 1970er und 1980er-Jahren der Renner. Nautilus avancierte in wenigen Jahren zum Marktführer auf dem Trainingsgeräte-Markt. Nahezu alle Trainingsgeräte, die heute eingesetzt werden, sind mehr oder weniger gelungene Nachbauten der ursprünglichen Nautilus-Maschinen.

Es ist das Verdienst von Arthur Jones, dass er die Idee des sich verändernden Widerstands als Entwicklungsschritt durchsetzte und damit die therapeutische Anwendung des Krafttrainings auf den Weg brachte.

Arthur Jones erste Version der Pullover-Maschine, welche ein isoliertes Training der großen Rückenmuskulatur über den ganzen Bewegungsumfang ermöglichte.

Programme und Methoden

Die fünf wesentlichen Vorzüge von Maschinen gegenüber freien Gewichten oder Übungen mit dem eigenen Körpergewicht sind:

- Der Belastungsverlauf ist exakt berechnet und nicht zufällig. Der Muskel wird in allen Bereichen – von der vollständigen Dehnung bis zur kompletten Kontraktion – überschwellig belastet. Dies verhindert bzw. korrigiert intramuskuläre Dysbalancen.
- Die (zweidimensionale) Bewegung ist geführt. »Falsche« Bewegungen sind (fast) nicht möglich; daher tendiert das Verletzungsrisiko gegen Null.
- Die Isolation der Muskulatur ist durch Polster, Stützen und Widerlager gewährleistet. Auf diese Weise lässt sich ein Querschnittsreiz leichter erzielen.
- Das Training an Maschinen stellt geringe Anforderungen an die Koordination. Der Trainierende arbeitet von Anfang an produktiv.
- Der mit Maschinen erzielte Trainingsfortschritt ist reiner Kraftgewinn, nicht eine Mischung aus Kraft- und Koordinationsgewinn.

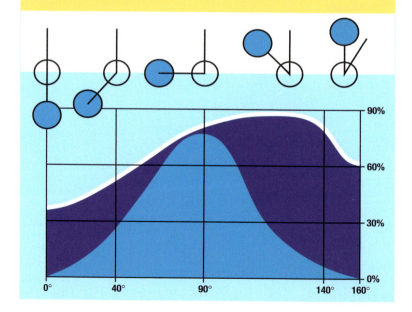

Die untere Kurve zeigt die Muskelspannung während einer Hantelübung, die obere Kurve stellt die Spannung dar, die notwendig ist, damit der Muskel in allen Längen trainiert wird.

Ausdauertraining

Das Training der Ausdauer kann auch als Krafttraining für das Herz definiert werden. Das Leistungsvermögen des Herz-Kreislauf-Systems lässt sich daran messen, wie schnell die Muskeln mit Blut versorgt werden. Die spezifischen Eigenschaften des Herzmuskels erfordern jedoch eine andere Trainingsform als die, die für die Skelettmuskeln geeignet ist. Als Reizschwelle gilt hier eine bestimmte Menge Blut, die in einer bestimmten Zeit gefördert wird. Das Herz muss mehr Blut pro Zeiteinheit pumpen, was zu einer höheren Muskelspannung und damit zur Zunahme des Querschnitts führt. In der Folge erhöht sich aber auch die Kraft der Atemmuskulatur, das Atemvolumen wird größer. Auch die Zahl der Blutgefäße nimmt zu, und die Blutmenge steigt an.

Krafttraining als Grundlage des Herz-Kreislauf-Trainings

Das Herz ist der zentralste Muskel und zweifellos der wichtigste. Um das Herz wirksam zu trainieren, sei es mit Laufen, Radfahren oder Schwimmen, muss schon ein Minimum an Muskelkraft vorhanden sein. Deshalb geht auch hier der Kraftaufbau dem Ausdauertraining voran. Die Skelettmuskulatur muss über ein Mindestmaß an Kraft verfügen, weil sonst auch kein Ausdauertraining möglich ist.

Kraft ist nicht alles, aber ohne Kraft ist tatsächlich alles nichts. Der Blutkreislauf und die Bewegungssteuerung sind nutzlos ohne die Kraft der Skelettmuskeln, die letztlich die Arbeit leisten. Die inneren Organe sind lediglich »Lieferanten« für die Muskeln; »Training« ist immer Muskeltraining.

Kieser Training ist spezialisiert auf die Lösung des Kräftigungsproblems. Die meisten Menschen wissen allerdings gar nicht, dass es ein solches Problem überhaupt gibt, weil man nur seine Folgen wahrnimmt und nicht auf die Ursache schließt. Um die Kraft sinnvoll und gesundheitsorientiert zu trainieren, ist eine aufwändige Technologie leider unumgänglich.

Völlig anders ist die Situation beim Training von Herz und Kreislauf. Hier benötigen Sie nichts außer frischer Luft. Wenn Sie in ein Trainingsgerät investieren möchten, empfiehlt sich die Anschaffung eines Springseils, wie es die Boxer verwenden. Damit umzugehen erfordert etwas Übung; haben Sie es jedoch einmal erlernt, macht die Sache auch noch Spaß.

> Kieser Training konzentriert sich bewusst auf die Lösung des Kraftproblems. Für ein effektives Herz-Kreislauf-Training brauchen Sie keine Maschinen, sondern nur ein Paar Wanderschuhe und frische Luft.

Programme und Methoden

Bergwandern, Radfahren und Schwimmen zählen nicht umsonst zu den beliebtesten Ausdauersportarten: Sie trainieren schonend Herz und Kreislauf und belasten die Gelenke weniger als beispielsweise das Joggen.

Das sinnvollste Ausdauertraining ist das Bergwandern bzw. bergauf Gehen. Anders als beim Joggen setzen Sie damit Ihre Gelenke keinen harten Stößen aus. Auch können Sie beim Gehen mithilfe des Sekundenzeigers einer Armbanduhr sehr einfach den Puls überprüfen: 170 Schläge pro Minute minus Ihr halbes Alter gilt als trainingswirksame Frequenz; optimal ist eine Trainingszeit von 15 bis 20 Minuten dreimal pro Woche.

Kraft und Koordination

Die Bewegungskoordination wird als das Zusammenwirken von Zentralnervensystem und Skelettmuskulatur innerhalb eines gezielten Bewegungsablaufes definiert. Je koordinierter die Bewegung, desto geringer die Anstrengung und umso weniger Ausdauer und Kraft sind erforderlich. Zweck aller Koordination ist es, mit geringstmöglichem energetischem und zeitlichem Aufwand die Bewegungsaufgabe zu lösen. Bevor Koordination entwickelt werden kann, muss jedoch die Kraft da sein, da es sonst nichts zu koordinieren gibt.

Koordination ist individuell und von vielen Faktoren abhängig. Ein wichtiger ist die Kraft. Verändert sie sich signifikant – nach oben oder nach unten –, greift die bestehende Koordination nicht mehr richtig, da sie für das vorangegangene Kraftniveau ausgelegt ist. Sie muss also neu erworben, oder das alte Kraftniveau wieder hergestellt werden. Ein Beispiel: Nach einer Knieoperation sind die Muskeln des operierten Beines geschwächt. Das Gehen fällt schwer, weil die Koordination für das Gehen mit geschwächten Muskeln fehlt. Es wäre nun absoluter Unsinn, mit der Rekonvaleszentin Gehübungen zu machen, um ihr diese neue Koordinationsfähigkeit beizubringen.

Damit würde sie lediglich lernen, mit ihrer Schwäche »umzugehen«, das heißt, sie würde immer gekonnter hinken. Richtig ist es, mit Kräftigungsübungen möglichst rasch die zurückgebildete Muskulatur wieder aufzutrainieren. Sobald diese wieder annähernd die alte Kraft erreicht hat, schreitet die Rekonvaleszentin mühelos davon – ohne auch nur eine einzige Koordinationsübung gemacht zu haben.

Jedes Bewegungsmuster ist das Resultat der herrschenden Kraftverhältnisse. Verlieren wir geringfügig an Kraft, treten geringfügige Koordinati-

Kraft und Koordination

onsstörungen auf. Verlieren wir beträchtlich an Kraft, treten beträchtliche Störungen auf. Es ist offensichtlich: Die Kraft kommt vor der Koordination. Ist die Kraft wieder da, stellt sich die Koordination automatisch ein. Aber keine Koordinationsschulung stellt die Kraft wieder her, im Gegenteil. Wir belasten automatisch die stärkeren Muskeln und schonen die schwachen. So werden wir zwar geschickter, aber wir hinken.

Begleitende Maßnahmen rund ums Training

Welche Ernährung ist die richtige? Wie sieht die optimale Trainingsbekleidung aus? Sind Maßnahmen wie Stretching oder Aufwärmen sinnvoll? Antworten auf diese und andere Fragen finden Sie auf den folgenden Seiten.

Sachgemäße Ernährung

Kieser Training führt zu einer relativ hohen Belastung des Stoffwechsels und löst Immunreaktionen aus. Solche Reaktionen sind leichten Entzündungszuständen vergleichbar. Mit einer angemessenen Ernährung können diese Reaktionen gemildert werden.

Eine besondere Rolle spielt dabei der Eiweißanteil der Nahrung. Pro Kilogramm Körpergewicht sollten ca. 1,4 Gramm Eiweiß aufgenommen werden – auch wenn die Deutsche Gesellschaft für Ernährung andere Empfehlungen abgibt. Zur Gewichtsabnahme empfiehlt sich eine Reduktion der Kohlenhydrate in Form von Zucker und Weißmehlprodukten zugunsten der Aufnahme von Fett in Form von mehrfach ungesättigten Fettsäuren, die z.B. in hochwertigen Pflanzenölen enthalten sind.

»Geheimtips« gibt es hier keine. Das Hauptproblem der Ernährung in der westlichen Zivilisation ist nicht die viel beschworene Qualität der Nahrung, an der es angeblich mangelt, sondern hauptsächlich die Menge: Wir essen schlicht zu viel.

Völliger Verzicht auf tierische Nahrungsmittel ist nur dann unproblematisch, wenn zusätzlich Eiweiß aufgenommen wird, beispielsweise in Form von Sojaprodukten. Dies gilt nicht nur im Zusammenhang mit dem Krafttraining, das den Eiweißbedarf nur geringfügig erhöht, sondern generell. Deutsche Kinderärzte warnten auf ihrer Jahrestagung 1995 davor, Kinder rein vegetarisch zu ernähren, da dies zu neurologischen Störungen führen könne.

»Rein vegetarisch« bedeutet hier vegan, also einen völligen Verzicht auf alle Lebensmittel tierischer Herkunft, also auch Eier oder Milchprodukte. Keine ernährungsbedingten Schäden sollen Kinder aufweisen, die zwar fleischlos ernährt werden, aber neben Obst, Gemüse und Getreide auch Milchprodukte und Eier zu sich nehmen. Die medizinische Wochenschrift *MMW – Fortschritte der Medizin* berichtete 2000 über die Auswertung internationaler Studien zur vegetarischen Ernährung. Danach hatten Vegetarier, die zusätzlich Fisch aßen, das geringste Risiko für Herz-Kreislauf-Krankheiten.

Besonders wichtig ist eine ausreichende Flüssigkeitsaufnahme. Muskeln bestehen zu fast zwei Dritteln aus Wasser. Je trainierter sie sind, desto höher ist der Wassergehalt.

> **Unabhängig von der bevorzugten Ernährungsform sollten Sie auf eine ausreichende Flüssigkeitszufuhr achten: Zwei bis drei Liter pro Tag sollten es neben der in der Nahrung enthaltenen Flüssigkeit sein.**

Begleitende Maßnahmen rund ums Training

Unser natürliches Durstgefühl ist verkümmert. Wir müssen uns zwingen, mehr zu trinken. 1,5 bis 2 Liter pro Tag, zusätzlich zu dem in der Nahrung enthaltenen Wasser, sind das Minimum.

Wundergetränke

Ein Deziliter Wasser, Zucker, Farbstoff und etwas Salz – das sind die Inhaltsstoffe »Isotonischer Getränke«, die pro Dose etwa einen Euro kosten. Was Sie aus dieser Mischung beim Kieser Training benötigen, ist lediglich das Wasser. Vor, während und nach dem Training ist Wasser alles, was Sie brauchen. Am besten eignet sich Wasser mit einem geringen Mineraliengehalt. Wasser gibt es in jedem Kieser Training-Betrieb gratis vom Trinkbrunnen. Vergessen Sie die Werbung für »leistungssteigernde« Getränke: Es gibt sie nicht. Getränke mit Nährwert sind beim Krafttraining kontraproduktiv, weil sie die Verdauungstätigkeit anregen, was während des Krafttrainings unbedingt zu vermeiden ist (siehe Kapitel »Sympatikus« auf Seite 40).

> **Vergessen Sie »leistungssteigernde« Getränke wie Isotonische Getränke oder Sportdrinks. Wasser ist am gesündesten und schont außerdem den Geldbeutel.**

Funktionelle Trainingsbekleidung

Oft dient die Trainingsbekleidung vor allem der Selbstdarstellung. Dagegen ist auch nichts einzuwenden, solange dieses Streben sich nicht negativ auf das Training auswirkt. Der Zweck der Trainingsbekleidung ist die Aufrechterhaltung der Körpertemperatur. Achten Sie bei der Auswahl der Kleidung darauf, dass Sie sich uneingeschränkt bewegen können. Eng anliegende Kleider beeinträchtigen die Luftzirkulation auf der Hautoberfläche. Sportschuhe mit hohem Schaft schränken die Beweglichkeit der Fußgelenke ein. Sie verleihen dem Fußgelenk eine Stabilität, die ihm jedoch seine Muskeln geben sollten. Wer lange und oft solche Schuhe trägt, schwächt jene Muskeln, die das Fußgelenk bewegen. Auch Turnschuhe sind für das Krafttraining nicht ideal. Sie verhindern den Abfluss von Körperwärme. Ideal sind Gymnastikschuhe oder -Sandalen, wie sie die Free-Climber tragen. Das Gelenk wird darin nicht behindert, die Körperwärme kann abfließen.
Die Trainingshose sollte leicht und dünn sein, aus Baumwolle, Seide oder einem anderen atmungsaktiven Material. Verzichten Sie beim Krafttraining auf Sweatshirts, denn sie sind zu warm.

Funktionelle Trainingsbekleidung

Denken Sie daran: Sie sollen die Wärme nicht speichern, sondern loswerden. So behindern Gummizüge die Luftzirkulation zwischen Körperoberfläche und Kleidung. Vorzuziehen sind helle Stoffe, und das nicht nur aus hygienischen Gründen: Helle Farbtöne stimmen heiter.

Die Wärmeverteilung des Körpers gerät bei körperlichen Anstrengungen ins Ungleichgewicht. Bestimmte Körperstellen können vorübergehend zugunsten anderer unterversorgt werden.

Halten Sie deshalb die Schulterregion und die Nierengegend nach Möglichkeit bedeckt. Beide reagieren empfindlich auf Luftzug und Unterkühlung. Bei den Schultern äußert sich dies in einer verstärkten Neigung zu rheumatischen Beschwerden, bei den Nieren in einem erhöhten Entzündungsrisiko. Ein zweckmäßiges Oberteil sollte am Rücken ausreichend lang sein, einen weiten Halsausschnitt aufweisen und die Oberarme bis zu den Ellbogen bedecken.

Hervorragend als Trainingsbekleidung eignen sich alte, abgetragene Kleidungsstücke. Sie verfügen über Qualitäten, die Neuanschaffungen abgehen, zum Beispiel Saugfähigkeit und Tragekomfort. Als Hosen eignen sich leichte, weite Trainingshosen, aber auch gewöhnliche Sommerhosen aus Leinen oder dünner Baumwolle. Schneiden Sie den Stoff unter dem Knie ab (am besten mit einer Zackenschere), und ziehen Sie am Bund eine Schnur oder einen Gürtel ein.

> Locker sitzende Bekleidung aus atmungsaktiven Materialien wie Baumwolle oder Seide ist beim Training optimal. Sie unterstützt den Abfluss von Körperwärme, die während der Aktivität entsteht.

Auf die Gefahr hin, dass die modebewusste Leserin das Buch nun endgültig zuklappt, noch ein Tipp aus der Welt des Hochleistungssports: Als Oberteil sind weite Barchent-(Herren-)Hemden unübertrefflich. Kappen Sie die Ärmel ein bis zwei Zentimeter oberhalb des Ellbogens und entfernen Sie auch den Kragen. Training ist ja nicht gerade eine komfortable Angelegenheit. Leisten Sie sich wenigstens den Luxus der Bequemlichkeit bei der Bekleidung. Abgesehen von der Bequemlichkeit hat die Ausgefallenheit dieses »Outfits« durchaus Charme, insbesondere wenn damit eine Figur umhüllt wird, die keiner modischen Zusätze bedarf.

Die Fitnessindustrie bietet Ihnen übrigens unzählige Gelegenheiten, wie Sie Geld einsparen können: Verzichten Sie auf überflüssiges Zubehör wie Stirnbänder, Gelenkschoner, Leg Warmers oder Tangas und lassen Sie »Proteindrinks« und »Energieriegel« im Regal stehen – all diese so genannten »Fitmacher« brauchen Sie nicht.

Begleitende Maßnahmen rund ums Training

Trainingsrituale

Rituale sind Bestandteile unserer Kultur und daher allgegenwärtig. Die meisten Rituale erleben wir nicht bewusst. Das ist der Grund dafür, dass wir sie kaum infrage stellen. Unser Begrüßungsverhalten, mit dem wir signalisieren, dass von uns keine Gefahr ausgeht, unsere Tischsitten, mit denen wir die gemeinsame Nahrungsaufnahme gestalten, Theatervorführungen und die dazugehörenden Beifallskundgebungen (Klatschen, Pfeifen) – all das sind Gesten, mit denen wir uns gegenseitig bestätigen und beruhigen.

Besonders zahlreich sind Rituale im Zusammenhang mit der Reproduktion oder der Erbfolge, z.B. Tanzen, Flirten, Hochzeit, Taufe und Bestattungszeremonien. Auch Imponierrituale wie Truppenparaden und Staatsempfänge sind durch das Fernsehen zu Alltagserscheinungen geworden, deren Zweck oder Zwecklosigkeit wir kaum hinterfragen. Rituale beruhigen, weil ihr Ablauf bekannt ist. Darin liegt ihre Stärke und ihre Daseinsberechtigung, und darin begründet sich ihre Beliebtheit. Im Gegenzug jedoch vernebeln sie das analytische Denken. Die Sicherheit, die sie vermitteln, ist trügerisch; daher ist kritische Distanz gegenüber solchen »Selbstverständlichkeiten« angezeigt.

Insbesondere der menschliche Körper steht häufig im Mittelpunkt von Ritualen und Beschwörungen. Die Körperkultur, mit der sich auch dieses Buch beschäftigt, erweist sich bei näherer Betrachtung als wahres Eldorado für Rituale aller Art.

»Aufwärmen«

Ein interessantes Ritual ist das so genannte »Anwärmen« oder »Aufwärmen«. In populären Artikeln zum Thema Fitness, z.B. in Frauenzeitschriften und Illustrierten, wird permanent davor gewarnt, sich nicht genügend »aufzuwärmen«. Verletzungen wären die Folge solcher Nachlässigkeit usw. Das ist blanker Unsinn. Man verletzt sich nicht, weil man nicht »warm« ist, sondern weil man Sehnen, Muskeln, Bänder und Knochen durch schnelle, ruckartige und mehrdimensionale Bewegungen (Scherkräfte) über die Bruchlastgrenze hinaus belastet. Das ist der Grund, warum Sport Verletzungsrisiken birgt. Beim Krafttraining ist ein Verletzungsrisiko jedoch fast nicht vorhanden.

Entgegen der landläufigen Meinung hat Schwitzen (etwa in der Sauna oder im Dampfbad) keine positive Wirkung auf die Gesundheit. Vorteilhaft für die Leistungssteigerung ist lediglich eine geringe Erhöhung der Körperwärme, wie sie beim Krafttraining automatisch auftritt.

Trainingsrituale

Schon die Bezeichnung »Aufwärmen« ist irreführend. Sie erweckt den Eindruck, wir wären »kalt« und müssten – vergleichbar mit einem Automotor – erst »auf Touren« gebracht werden. Wer wirklich »kalt« ist, ist tot. Unser Körper bewahrt stets seine optimale Wärme von ca. 37˚ C. Wirklich leistungsbegrenzend und problematisch ist nicht die Kälte, sondern die Wärme, die wir mit körperlicher Arbeit produzieren. Steigt die Körpertemperatur über 42˚ C, gerinnt das Muskeleiweiß, und der Tod tritt ein. Das zu verhindern ist der Zweck des Schwitzens. Eine Notmaßnahme, die ihren Preis hat: Sie schwächt. Muskeln bestehen zu zwei Dritteln aus Wasser. Wasserverlust ist Kraftverlust.

> **Bei vielen Sportarten wie z.B. beim Laufen macht Aufwärmen zum Schutz vor Verletzungen durchaus Sinn. Für das gesundheitsorientierte Krafttraining ist es hingegen überflüssig.**

Abkühlung stimuliert den Körper

Es gibt keine einzige Studie, die den Sinn des »Aufwärmens« überzeugend nachweist. Dagegen gibt es Untersuchungen, die im Gegenteil einen Sinn im Abkühlen erkennen lassen, denn niedrige Temperaturen stimulieren den Körper in Richtung Aktivität (Sympathikus). Das ist leicht nachzuprüfen, wenn Sie kalt duschen oder dünn bekleidet in die Kälte treten: Sie fühlen sich »erfrischt«. Kälte zwingt Ihren Bewegungsapparat, aktiv zu werden, z.B. zu »zittern«, um die Körpertemperatur aufrecht zu erhalten. Umgekehrt jedoch, im warmen Bad oder in der Sauna, schlaffen Sie ab. Der Organismus wird – um Überhitzung zu vermeiden – in die Passivität (Parasympathikus) gedrängt.

Beim gesundheitsorientierten Krafttraining werden die Muskeln einzeln und zeitlich gestaffelt trainiert, was schon die Idee des Aufwärmens, das ja immer den ganzen Körper gleichzeitig erfasst, ad absurdum führt. Warum sollte ich meine Nackenmuskeln jetzt »aufwärmen«, wenn sie erst in 20 Minuten trainiert werden?

Gegen ein Aufwärmen beim Kieser Training spricht aber vor allem die Tatsache, dass beim Krafttraining der Muskel für die Dauer von 60 bis 90 Sekunden hohen Spannungen ausgesetzt wird. Die Blutzufuhr ist gedrosselt und die innere Reibung um ein Vielfaches erhöht.

Die Kerntemperatur im Muskel steigt rapide an und zwingt früher oder später zum Abbruch der Übung. Diesen Temperaturanstieg mit zusätzlichen Maßnahmen zu beschleunigen – sei es durch »Aufwärmen«, warme Kleidung oder überheizte Räume – wäre unsinnig. Daher die Empfehlung:

Begleitende Maßnahmen rund ums Training

kein »Aufwärmen«, keine warme Kleidung und nach Möglichkeit eine niedrige Raumtemperatur. Bitte beachten Sie: Wir sprechen hier von der Methode des Kieser Trainings, nicht etwa vom vorbereitenden »Aufwärmen« (besser »Einlaufen«) vor sportlichen Leistungen, wie z.B. einem Hochsprung oder einem Speerwurf, denn dort liegen andere Bedingungen vor.

»Stretching«

Mit Kieser Training nimmt Ihre Beweglichkeit rasch zu, weil die Maschinen die Muskeln in allen Gelenkwinkeln richtig dosiertem Widerstand aussetzen. Stretching zur Verbesserung der Beweglichkeit ist daher überflüssig.

Niemand kann heute verbindlich sagen, wozu Stretching überhaupt gut sein soll. Weder konnte je ein leistungssteigerner Effekt, noch eine Verletzungsprophylaxe nachgewiesen werden. Dies darf jedoch nicht zur Annahme verleiten, dass Dehnen insgesamt nicht sinnvoll sei. Kurzes Dehnen – ein bis fünf Sekunden lang – hat durchaus positive Effekte und vollzieht sich automatisch beim korrekten Krafttraining: Wenn sich ein Muskel vollständig zusammenzieht, wird sein Antagonist gedehnt. Dieses kurze Dehnen, das man übrigens schön an Katzen beobachten kann, erhöht von Mal zu Mal die Beweglichkeit im Gelenk. Beim modischen »Stretching« wird jedoch empfohlen, die Position der maximalen Dehnung bis zu 25 Sekunden aufrechtzuerhalten, nämlich so lange, bis der so genannte Dehnungsreflex abgeklungen ist. Als Dehnungsreflex bezeichnet man die Reaktion, die der Arzt an Ihrem Oberschenkelmuskel provoziert, wenn er mit einem kleinen Hammer auf die Sehne unterhalb Ihrer Kniescheibe klopft. Durch den »Ruck«, den der an dieser Sehne befestigte Muskel dabei erfährt, ziehen sich gleichzeitig unverhältnismäßig viele seiner Fasern zusammen, und der Unterschenkel schlägt aus.

Den Dehnungsreflex sollten wir uns nicht mit zu lange dauernder Dehnung abgewöhnen. Eher sollten wir ihn stärken, denn er schützt vor Überdehnung.

Befürworter des Stretchings argumentieren oft, dass damit eine Dysbalance der Antagonisten »ausgeglichen« werden kann. Das ist zwar richtig, jedoch ist dieser Ausgleich eine Anpassung nach unten, eine Nivellierung.

Auch das Stretching gehört zu den weit verbreiteten Ritualen mit eher zweifelhafter Wirkung. Im Übermaß durchgeführt, kann es dauerhaft zu hypermobilen Gelenken führen und den natürlichen Dehnungsreflex aus dem Gleichgewicht bringen.

Trainingsrituale

Der stärkere der beiden Muskeln wird so lange und so oft »gestretcht«, bis er so schwach geworden ist, dass das Verhältnis zum Antagonisten wieder stimmt. Sinnvoller als den starken Muskel zu schwächen wäre es, seinen schwachen Antagonisten zu stärken; dann ist das Kräftegleichgewicht wieder hergestellt und die Ursache des Ungleichgewichts ausgeschaltet.

Ausweichmanöver

Beobachten Sie einmal auf dem Trimmpfad oder im Sportstudio jene Trainierenden, die sich exzessiv einlaufen oder zwischen den Übungen dauernd Dehnungsübungen einbauen. Bei den eigentlichen Kräftigungsübungen am Gerät trainieren sie meist unkorrekt: Sie führen die Bewegungen nicht vollständig aus, »schummeln«, indem sie andere Muskeln zu Hilfe nehmen, damit die Übung leichter wird, kurz: Sie drücken sich vor der wirklichen und produktiven Anstrengung, indem sie die Aktivitäten auf »Nebenkriegsschauplätze« verlegen. Man tänzelt etwas herum, schüttelt die Glieder, wackelt mit den Hüften und mit dem Bauch. Eine Art Eröffnungsritual mit der Botschaft: »Pass auf, gleich mach ich etwas Großartiges.« Eine seltsame Stretching-Leidenschaft zeigen Leute, die auch eine Vorliebe für hautenge und daher höchst unpraktische Trainingsbekleidung haben. Die damit quasi legalisierte Selbstdarstellung mag in der Aerobic-Klasse ihren Platz haben, beim Krafttraining ist sie deplaziert.

Alle diese Rituale nützen zwar nichts, doch hält sich auch ihr Schaden in Grenzen. Das Hauptproblem liegt darin, dass sie das Training mit der Zeit mehr und mehr ersetzen. Seinen Körper zu *demonstrieren* ist eben nicht dasselbe wie ihn zu *trainieren*.

Ausweichmanöver wie intensives Einlaufen oder Dehnen sind meist ein untrügliches Zeichen für eine mangelnde Trainingsbereitschaft. Das eigentliche Übungsprogramm bleibt dabei meist auf der Strecke.

Irrtümer

Immer wieder begegne ich in der Praxis diversen Irrtümern im Zusammenhang mit dem Krafttraining, die ungeachtet der Tatsachen weiter verbreitet werden. Hier eine kleine Liste der verbreitetsten Vorurteile:

Irrtum Nr. 1: Krafttraining ist Männersache. Frauen, die Krafttraining betreiben, sind unweiblich.
Das ist kein Argument, sondern Blödsinn.

Irrtum Nr. 2: Frauen sollen elegante Bewegungen üben, weil dies dem weiblichen Körper entspricht.
Hier wird Ursache und Wirkung verwechselt. Elegante Bewegungen sind das Resultat eines kräftigen Körpers (man denke hier z.B. an Kunstturnerinnen). Eine schwache Muskulatur verhindert Eleganz.

Irrtum Nr. 3: Frauen entwickeln durch das Krafttraining dicke Muskeln.
Normalen Frauen und selbst Bodybuilderinnen ist es bei aller Entschlossenheit nicht möglich, die Muskelmasse eines »Mr. Universum« zu entwickeln. Übermäßiges Muskelwachstum ist durch den Hormonhaushalt limitiert, bei der Frau noch mehr als beim Mann. Das manchmal dramatische Aussehen von Bodybuilderinnen kommt weniger durch die Größe ihrer Muskulatur zustande als vielmehr durch deren Definition. Stark gesteuert wird diese durch eine Diät und Medikamente (z.B. Schilddrüsenhormone), die das Unterhautfettgewebe unter das gesundheitlich vertretbare Minimum reduziert.

Irrtum Nr. 4: Die Anstrengungen des Krafttrainings schädigen die weiblichen Reproduktionsorgane und verursachen Menstruationsprobleme.
Das Gegenteil trifft zu: Bei den meisten Frauen übt das Krafttraining einen positiven Einfluss auf die Menstruation aus. Störungen der Menstruation können jedoch bei einem starken Verlust von Körperfett auftreten.

Irrtum Nr. 5: Während der Schwangerschaft darf nicht trainiert werden.
Eine kräftige Muskulatur ist gerade in der Schwangerschaft und bei der Geburt von Nutzen, weshalb das Training keineswegs abgebrochen werden sollte – sonst würde sich die gewonnene Kraft ja wieder zurückbilden. Je nach Be-

Irrtümer

findlichkeit und Stadium der Schwangerschaft kann das Trainingsprogramm zusätzlich modifiziert werden. Dies gilt allerdings nur für trainierte Frauen. Während der Schwangerschaft mit dem Kieser Training zu beginnen ist nicht uneingeschränkt zu empfehlen, da dem Organismus in dieser Zeit keine tiefer greifenden Umstellungen zugemutet werden sollten.

Irrtum Nr. 6: Je mehr, desto besser.
Ein fataler Irrtum. Jedes Jahr sterben viele Menschen an den Folgen der Annahme, dass, wenn eine Tablette gut ist, mehr Tabletten besser sind. Im übertragenen Sinne gilt dies auch für das Training. Der Trainingsumfang ist eher ein negativer Faktor, eine Art notwendiges Übel, weil ja der ganze Bewegungsapparat mit dem Programm abgedeckt werden muss. Trainingswirksam ist die Intensität; und die kann nur hoch sein, wenn der Trainingsumfang klein ist.

Irrtum Nr. 7: Schwitzen ist gesund.
Auch hier werden Wirkung und Ursache verwechselt. Gesundheitsfördernd ist die körperliche Anstrengung, die unter entsprechenden Bedingungen Schwitzen bewirkt. Das Schwitzen ist aber eine Notmaßnahme des Körpers, mit der er eine Überhitzung zu verhindern sucht. Der mit dem Schwitzen einhergehende Wasserverlust bedeutet Kraftverlust, weil die Muskeln zu zwei Drittel aus Wasser bestehen. Natürlich kann (und muss) der Wasserverlust durch vermehrtes Trinken wieder kompensiert werden. Deshalb ist Schwitzen sicher nicht schädlich; ein positiver gesundheitlicher oder leistungssteigernder Effekt konnte bis heute nicht nachgewiesen werden.

Irrtum Nr. 8: Krafttraining ist nur etwas für junge Leute.
Tatsache ist, dass ältere Menschen am meisten vom Krafttraining profitieren, weil im Alter die Abbauvorgange im Körper zunehmen. Mit Krafttraining werden die Aufbauvorgänge stimuliert.

Irrtum Nr. 9: Frauen müssen anders trainieren als Männer.
Mit »anders« ist jeweils »leichter« gemeint. Frauen haben qualitativ (nicht quantitativ) die gleichen Muskeln wie Männer. Die Muskeln von Frauen brauchen Spannungsreize derselben relativen Höhe und Dauer wie die Muskeln von Männern, und die Trainingsprinzipien gelten gleichermaßen für Frauen und Männer.

Anhang

Welchen Nutzen bietet Kieser Training?

Wenn Sie stärker werden, verändern sich Ihre physikalischen Daseinsbedingungen zu Ihren Gunsten: Sie empfinden sich als leichter, die Erdanziehung schwindet. Als junger Mensch entwickeln Sie mit Kieser Training ein Muskel-»Korsett«, das Sie ein Leben lang stützt und trägt. Wenn Sie schon älter sind, verlangsamen Sie damit die Abbauvorgänge und fördern gleichzeitig die Aufbauvorgänge.

Sie tragen leichter an sich. Je stärker Sie sind, desto mehr Kraft steht Ihnen pro Kilogramm Körpergewicht zur Verfügung. Denn es sind allein Ihre Muskeln, die Ihren Körper ein Leben lang aufrecht erhalten und herumtragen. Eine günstige Veränderung des Last-/Kraftverhältnisses erzeugt jenes Gefühl der Leichtigkeit, das wir aus unserer Jugend kennen.

Sie sehen besser aus. Der Trainingszustand und die Form Ihrer Muskeln bestimmen Ihre äußere Erscheinung und die Art, wie Sie sich bewegen. Schlaffe, untrainierte Muskeln erzeugen auch eine schlaffe äußere Erscheinung. Mit dem Training werden Ihre Muskeln straff. Dies wirkt sich auf Ihre gesamte Erscheinung und Ihre Figur aus. Alles ist wieder dort, wo es hingehört.

Sie werden beweglicher. Anders als andere Freiübungen belastet das Krafttraining an Maschinen Ihre Muskeln vollständig und in allen Gelenkwinkeln. Dadurch erreicht Ihre Beweglichkeit wieder ihr natürliches Ausmaß.

Sie verhindern den Knochenabbau (Osteoporose). Vom Training profitieren nicht nur die Muskeln. Knochen und Sehnen entwickeln sich ebenfalls, wenn auch etwas langsamer als die Muskeln.

Sie erholen sich schneller. Mit Kieser Training stimulieren Sie den Aufbaustoffwechsel. Damit verkürzt sich die Rehabilitationszeit z.B. nach Unfällen, chirurgischen Eingriffen oder Krankheiten. Das Training an Maschinen ist auch dann möglich, wenn einzelne Gliedmaßen z.B. durch einen Verband stillgelegt sind.

Welchen Nutzen bietet Kieser Training?

Sie schützen sich vor Verletzungen. Trainierte Muskeln bedeuten dichteres Gewebe, das z.B. bei Stürzen als »Polster« wirkt.

Sie bauen Körperfett schneller ab. Wenn Sie weniger Kalorien aufnehmen, als Sie verbrauchen, zwingen Sie den Körper zur Selbstverwertung: Sie verlieren Fett und Muskeln. Daher sieht man nach einer Hungerkur oft schlechter aus als zuvor. Trainieren Sie während der Gewichtsabnahme jedoch, erhalten Sie die Muskeln und verlieren mehr Fett. Durch eine größere Muskelmasse wird außerdem der Grundumsatz erhöht, das heißt, Ihr Körper verbraucht in Ruhe mehr Kalorien.

Sie entwickeln ein besseres Selbstwertgefühl. Die Veränderungen durch das Krafttraining greifen tiefer als vielleicht vermutet. Sie entwickeln eine größere Gelassenheit und Selbstsicherheit, die sich positiv auf Ihre mitmenschlichen Beziehungen auswirken.

Ihre Haltung verbessert sich. Unausgeglichene Muskelkräfte bewirken eine schlechte Haltung. Unsere Bewegungen im Alltag und in der Arbeit sowie ausnahmslos alle Sportarten führen durch ihre Einseitigkeit zu so genannten Dysbalancen, die mit Kieser Training korrigiert werden.

Sie verhindern bzw. lindern Rückenschmerzen. Eine schwache Rückenmuskulatur ist in den allermeisten Fällen der Grund für Kreuzschmerzen. Passive Behandlungen wie Massagen oder Fangopackungen lindern bestenfalls die Symptome, packen das Übel jedoch nicht an der Wurzel an. Wie die aktuelle Forschung beweist, ist Krafttraining die effektivste Methode zur Vorbeugung und Therapie bei Rückenbeschwerden.

Sie erhalten Ihre Kraft bis ins hohe Alter. Alt werden wir von selbst, schwach jedoch, wenn wir nichts dagegen tun. Am Anfang vieler Altersbeschwerden stehen Muskelschwäche und der Verlust von Knochensubstanz. Hand in Hand mit dem Kraftverlust verlieren Sie auch die Kontrolle über Ihre Gelenke. Sie werden ängstlich und bewegen sich noch weniger. Mit Kieser Training erhalten Sie Ihre Kraft und bewahren sich die Kontrolle über Ihren Körper und damit auch Ihre Autonomie.

Anhang

Adressen

Eine aktuelle Liste aller Kieser Training-Betriebe in Deutschland, Österreich, der Schweiz, Luxemburg und Großbritannien finden sie im Internet unter:

www.kieser-training.com

Literatur

Baechle, Th. P. / Earle, R. W.: Essentials of Strength Training and Conditioning. Human Kinetics 2000

Brooks, G.A.: Exercise Physiology: Human Bioenergetics and its Applications. New York 1984

Brück, K., Olschewsky, H.: Human Acclimation, Body Temperature and Endurance Performance. Odense 1988

Brück, K.: Warmlaufen oder Kaltstart? Sportliche Höchstleistungen durch Kälte. Giessen 1987

Burrows, M./Nevill, A. M./Nevill, Bird S./Simpson, D.: Physiological factors associated with low bone mineral density in female endurance runners. London 2003

Carpenter, D.: Effect of 12 and 20 weeks of Resistance training on lumbar extension torque production. Gainesville 1991

Darden, E.: The Nautilus Diet. Boston, 1987

Darden, E.: The Nautilus Book. Chicago 1988

Dubs, R.: Sportmedizin für jedermann. Zürich 1954

Feldenkrais, M.: Der aufrechte Gang. Tel-Aviv 1967

Fiatarone, M.: High-Intensity Strength Training in Nonagenarians. Boston 1990

Fuller, F. A.: Treatise Concerning the Power of Exercise. London 1711

Herbert, R. D./Gabriel, M.: Effects of stretching before and after exercising on muscle soreness and risk of injury: systematic review. Sidney 2002

Herz, M.: Lehrbuch der Heilgymnastik. Berlin 1903

Hettinger, Th.: Isometrisches Muskeltraining. Stuttgart 1972

Hoster, M.: (Hrsg.) Dehnen und Mobilisieren. Waldenburg 1993

Jones, A.: The lumbar spine, the cervical spine and the knee. Ocala 1993

Adressen, Literatur

Jones, A.: Bulletin No. 1. DeLand 1970

Jones, A. Bulletin No. 2. DeLand 1971

Kieser, W.: Vom Krafttraining zur Krafttherapie. Zürich 1990

Kieser, W.: Ein starker Körper kennt keinen Schmerz. München 2003

Kuznezow, W.W.: Kraftvorbereitung. Theoretische Grundlagen der Muskelkraftentwicklung. Moskau 1970

Lutz W.: Leben ohne Brot. Gräfelfing 1998

Lukas, G.: Die Körperkultur in frühen Epochen. Berlin 1969

Mooney, V.: On the Dose of Therapeutic Exercise. San Diego 1994

Morehouse, L.E.: Physiological Basis of Strength Development. New York 1960

Müller, K.J.: Statische und dynamische Muskelkraft. Frankfurt a. M. 1987

Nelson, B.W.: The Clinical Effects of Intensive Specific Exercise on Chronic Low Back Pain. Columbia 1995

Peterson, J.A.: The Effect of High Intensity Weight Training on Cardiovascular Function. Westpoint 1976

Pollock, M./Graves, J.: New Approach to Low Back Evaluation and Training. Gainesville 1989

Pollock, M.: Effects of Isolated Lumbar Extension Resistance Training on Bone Mineral Density. Indianapolis 1991

Riemkasten, F.: Die Alexander-Methode. Heidelberg 1967

Rohen, J.W.: Funktionelle Anatomie des Menschen. Stuttgart 1993

Rouet, M.: Toute la Culture Physique. Paris 1965

Stoll, T./Brühlmann, P./Michel, B. A.: Assessment of Muscle Strength in Poly-/Dermatomyositis (PM/DM): Validation of a New, Simple, Quantitative Method. Zürich 1993

Westcott, W.L.: Strength Fitness. Physiological Principles and Training Techniques. Dubuque 1995

Wimpffen, v. H. H. (Hrsg.): Osteoporose. München 1993

Zimmermann, I.: Beckenbodentraining. Hannover 1996

Register

A
Abkühlung 173
Adrenalin 39
Aktivitäten, körperliche 22
Alexander, F. M. 35
Alexander-Technik 35
Alkohol 44
Anspannung 40
Antagonist 25, 42, 43
Armbeugung 128
Armkreuzen 98
Armstreckung 130, 150
Armzug 92
Aufbautraining 161
Aufwärmen 172
Ausbreitungseffekt 155
Ausdauer 15
Ausdauertraining 165ff.
Aussehen 14
Ausweichmanöver 175

B
Bänder 24
Barrenstütz 102, 148
Beckenbodentraining 35, 45
Beinpresse 84
Beweglichkeit 15
Bewegungsablauf 25ff.
Bewegungsapparat, Funktion 25f.
Bewegungsmangel 21
Bindegewebe 23
Blut 25
Brustdrücken 100

C
Cellulite 18, 19

D
Drücken 108
Dysbalancen 39, 41ff.
– der Antagonisten 42
– in der Muskelschlinge 42

– intramuskuläre 43
– Korrektur 43

E
Eiweiß 17, 169
Entspannung 39ff.
Epithelgewebe 23
Erfahrung, kognitive 54, 55
Erhaltungsübungen 156, 157
Ernährung 18
– sachgemäße 169
– vegetarische 169
Essstörungen 44
Extensionsphase 52

F
Fasern, elastische 24
Fehlhaltung 12
Feldenkrais, Moshe 34
Feldenkrais-Methode 34
Fersenheben 142
Fetteinlagerung 16
Fettpölsterchen 16
Fettverteilung 14
Fingerbeugung 140
Flüssigkeitsaufnahme 169, 170
Fußheben 88

G
Gelenke 29, 42
Gelenkwinkel 22
Genetik 9
Getränke, isotonische 170
Gewebearten 23
Grenzkraft 51, 56, 57, 159
Grundlagen, theoretische 20ff.
Grundumsatz 17

H
Halsbeugung 122, 124
Haltung 38

Haltungsprobleme 12
Handdrehung 132, 134
Handgelenk 136, 138
Herz, Max 161, 162
Herz-Kreislauf-System 9
Herz-Kreislauf-Training 165
Herzmuskel 165
Hormonhaushalt 18
Hüftgelenk 72, 74, 76, 78
Hungerkuren 15

I
Idealgewicht 17
Inkontinenz 45

J
Jones, Arthur 37, 162, 163

K
Kalorienaufnahme 15, 17
Kerntemperatur 173
Klimmzug 144, 146
Kniegelenk 80, 82, 86
Knochen 24
Knochenmasse 14
Knochenschwund siehe Osteoporose
Knochensubstanz 44, 45
Knorpel 24
Kohlenhydrate 17, 169
Kollagen 23
Konditionsfaktoren 15
Kontraktionsphase 52
Koordination 30, 166, 167
Körperfett 12, 15, 16
Körpergröße 9
Körpertemperatur 172, 173

Register

Körperwahrnehmung 35
Korrekturübungen 156
Kraft 15, 29
 – dynamisch-exzentrische 30
 – dynamisch-konzentrische 30
 – erhalten 56f.
 – statische 30
 – steigern 159
Kraftausdauer 30
Kräftegleichgewicht der Muskeln 41ff.
Kraftkurve 31, 53
Kraftpotenzial 56, 57
Krafttraining 49ff.
 – als Therapie 36ff.
 – Dauer 49
 – für Frauen 8ff.
 – Häufigkeit 49
 – Irrtümer 176f.
 – Nutzen 178f.

L
Lumbar-Extension-Maschine 37

M
Maximalkraft 30
Menopause 44, 45
Menstruation 10
Motivation 52, 53
 – extrinsische 52
Muskelanspannung 35, 40, 41
Muskelmasse 9, 14, 160
Muskeln 24
 – der Arme 68, 69
 – der Beine 66, 67
 – des Beckenbodenbereichs 70, 71
 – des Torso 62ff.
 – und Körperform 11
 – Zuwachspotenzial 42
Muskelschlinge 29
Muskelschwäche 160

N
Nackendrücken 104
Nackenstreckung 126
Nautilus 163
Nerven 24
Nervensystem, zentrales 40
Neuron 24

O
Organe 23
Osteoporose 43ff.
 – Prävention 44
 – Risikofaktoren 44
Östrogen 44

P
Parasympathikus 39, 40
Pigmentzahl der Haut 14
Proportionen 9, 14
Pullover-Maschine 162

R
Rauchen 44
Reflexbogen 24
Reizstärke 49, 50
Reservefasern 28
Rückenflexion 116
Rückenmuskulatur 37, 38
Rückenschmerzen 37
Rückenschule 38
Rückenstreckung 118
Ruderzug 96
Rumpfdrehung 114

S
Schnellkraft 30
Schulterdrehung 110, 112
Schultergelenk 94
Schulterheben 120
Schwerkraft 13
Sehnen 24
Seitbeuge 152
Seitenheben 106
Selbstwahrnehmung 34

Silhouette 11, 15
Spannung 29
Spannungsdauer 22, 55
Spannungshöhe 22, 55
Spannungsreichweite 22
Stress 40
Stretching 174
Sympathikus 39, 40

T
Training
 – begleitende Maßnahmen 168ff.
 – für Herzpatienten 158, 159
 – halbnegativ 157, 158
 – negativ 157, 158
 – nach Programm 54
 – nach Zeit 52
 – Normalprogramme 155
 – Prinzipien 58, 59
 – Spezialprogramme 157
Trainingsbekleidung 170f.
Trainingseffekt 21
Trainingsmaschinen 161ff.
 – Vorzüge 164
Trainingsplanung 55
Trainingspraxis 28, 48ff.
Trainingsrituale 172ff.
Trainingsumfang 28, 49

U
Überzug 90
Übungen 60ff.
Übungsreihenfolge 156

W
Wechseljahre 44
Widerstand 21, 22, 28

Z
Zelle 22, 23

Impressum

Wichtiger Hinweis

Die im Buch veröffentlichten Ratschläge wurden mit größter Sorgfalt von Verfasser und Verlag erarbeitet und geprüft. Eine Garantie kann jedoch nicht übernommen werden. Ebenso ist eine Haftung des Verfassers bzw. des Verlages und seiner Beauftragten für Personen-, Sach- oder Vermögensschäden ausgeschlossen.

Bibliografische Information der Deutschen Bibliothek

Die Deutsche Bibliothek verzeichnet diese Publikation in der Deutschen Nationalbibliografie; detaillierte bibliografische Daten sind im Internet über http://dnb.ddb.de abrufbar.

Bildnachweis

Umschlag: Silvia Volpi, Zürich
Fotos: Mauritius/age S. 10; ZEFA/Ausloeser S. 19; Superstock/Superbild S. 20; Jump Fotoagentur/Sandkuehler S. 168; alle übrigen: Kieser Training AG
Übungsfotos: Silvia Volpi, Zürich
Grafiken: Holger Vanselow, Stuttgart

Impressum

© 2003 Knaur Ratgeber Verlage. Ein Unternehmen der Droemerschen Verlagsanstalt Th. Knaur Nachf. GmbH & Co. KG, München.
Alle Rechte vorbehalten.

Das Werk einschließlich aller seiner Teile ist urheberrechtlich geschützt. Jede Verwertung außerhalb des Urhebergesetzes ist ohne Zustimmung des Verlages unzulässig und strafbar. Das gilt insbesondere für Vervielfältigungen, Übersetzungen, Mikroverfilmungen und die Einspeicherung und Verarbeitung in elektronischen Systemen. Bei der Anwendung in Beratungsgesprächen, im Unterricht und in Kursen ist auf dieses Buch hinzuweisen.

Projektleitung: Franz Leipold
Redaktion: Caroline Colsmann
Bildredaktion: Sylvie Busche (Ltg.)
Herstellung: Jörg Alt
Layout und Satz: Verlagsservice Peter Schneider, Iffeldorf
Reproduktion: KaltnerMedia, Bobingen
Druck und Bindung: Appl, Wemding

Printed in Germany

ISBN 3-426-66822-X

Gedruckt auf elementar chlorfrei gebleichtem Papier

Besuchen Sie uns im Internet: www.knaur.de

Weitere Titel aus den Bereichen Gesundheit, Fitness und Wellness finden Sie im Internet unter www.wohl-fit.de